MONTIGNAC
De A à Z

Michel Montignac

Avec la collaboration du docteur Philippe Letonturier

MONTIGNAC
De A à Z

Le dictionnaire de la méthode

belfond

216, boulevard Saint-Germain
75007 Paris

Si vous souhaitez recevoir notre catalogue
et être tenu au courant de nos publications,
envoyez vos nom et adresse, en citant ce livre,
aux Éditions Belfond,
216, bd Saint-Germain, 75007 Paris.
Et, pour le Canada, à
Édipresse Inc., 945, avenue Beaumont
Montréal, Québec H3N 1W3.

ISBN 2.7144.3231.X

Les buts de la méthode Montignac

Lequel d'entre nous, un jour ou l'autre, soit spontanément, soit poussé par son entourage, soit encore sous la pression insistante du corps médical, n'a pas été conduit à se pencher avec plus ou moins d'attention sur son alimentation ? Et, devant la situation souvent déplorable constatée, il n'a paru y avoir qu'une solution : le régime.

Les régimes de l'échec

Régime : un mot horrible qui évoque d'emblée et obligatoirement des images de restriction, de privation, voire de punition, excluant toute possibilité de liberté, de choix. D'ailleurs, comment en serait-il autrement avec un terme dont l'origine latine signifie « action de diriger » et qui s'applique aussi bien à l'alimentation qu'à l'administration réglementaire d'une communauté ou d'une institution, avec des connotations négatives comme régime autoritaire, pénitentiaire, fiscal, etc.

En définitive, le régime au sens traditionnel du terme, du fait de son caractère contraignant, s'accompagne, même chez les plus motivés, d'un désir encore plus fort : en voir la fin pour revenir au mode alimentaire antérieur.

Puisqu'il est limité dans le temps, il en est forcément de même de ses résultats. Des résultats volontiers inconstants et surtout obtenus sans comprendre parce que le régime n'est qu'une succession d'interdits et de commandements imposés sans explication.

Et lorsque ces résultats si durement obtenus s'annulent voire s'inversent, la seule raison qui vous est régulièrement suggérée en lieu et place des vraies explications est votre manque de volonté. Il ne vous reste plus qu'à vous en prendre à vous-même et ce sentiment de culpabilité sournoisement implanté en vous par ceux-là mêmes qui vous ont induit en erreur viendra accroître votre « mal être » et altérer un peu plus votre qualité de vie.

Voir plus loin que le bout de l'été

La méthode Montignac, c'est l'antithèse même des régimes. N'étant pas restrictive sur le plan quantitatif, elle n'est pas contraignante. N'étant pas contraignante, elle n'a aucune raison d'être limitée dans le temps et les résultats qu'elle permet peuvent donc être acquis définitivement.

Ils sont légion ceux qui, au printemps, vous proposent de vous débarrasser des kilos accumulés pendant l'hiver, conséquence disent-ils du manque d'activité physique et d'une alimentation trop riche. « Perdez jusqu'à X kilos en peu de temps grâce au régime Y. » Mais ils oublient toujours de vous indiquer l'essentiel, à savoir que, malheureusement, vous reprendrez encore plus vite ces kilos perdus et même quelques-uns de plus. Alors, quel est l'intérêt ? Perdre rapidement du poids est à la portée du plus grand nombre. Maintenir la perte de poids n'est pas faisable sans un changement complet et définitif du mode alimentaire.

Dans la méthode Montignac, rien n'est imposé, car tout est expliqué. De ce fait, il s'agit d'une véritable éducation nutritionnelle conduisant à une prise de conscience des mauvaises habitudes alimentaires qui se sont installées au fil des années, souvent en fonction de l'évolution de notre mode de vie, plus par mimétisme, pour faire comme les autres, que par nécessité ou par goût.

En fait, c'est parce qu'elle ne repose pas sur des menus imposés où les aliments doivent être pesés et les calories comptées que la méthode Montignac est facile à appliquer, à intégrer dans la vie quotidienne. Certes, elle entraîne une modification du mode d'alimentation, mais sans aucune contrainte. Elle instaure l'ordre, l'harmonie et l'équilibre là où régnaient l'anarchie et le déséquilibre.

Mode d'emploi

Ainsi conçue, la méthode Montignac a quatre buts qui vont être successivement exposés, mais il est évident que la compréhension et par conséquent l'efficacité de la méthode nécessitent des explications plus détaillées, lesquelles seront données dans les différentes rubriques du dictionnaire. Car la méthode ne peut être efficace que si elle est parfaitement comprise.

De même qu'il n'est pas concevable de traduire correctement un texte écrit dans une langue étrangère si l'on ne connaît pas parfaitement le sens de tous les mots, de même, il n'est pas possible d'appliquer la méthode sans en posséder entièrement tous les éléments : sinon, gare aux contresens ! Il est absolument indispensable, non seulement pour obtenir des résultats, mais pour que ceux-ci soient définitifs, de savoir comment fonctionne la machine humaine tout particulièrement dans ses fonctions de digestion et d'assimilation des aliments. Il est tout aussi indispensable de connaître les aliments eux-mêmes, leurs caractéristiques et leurs effets directs et indirects sur l'organisme.

Bien gérer son poids

Le premier but de la méthode consiste à obtenir une bonne gestion de son poids. Ceci implique, pour ceux dont le poids est normal, de garder ce poids de façon stable. Dans nos pays, il est fréquent de constater une augmentation pondérale d'une quinzaine de kilos entre l'âge de vingt ans et la cinquantaine. Nombreux sont ceux qui considèrent qu'il s'agit d'un phénomène normal, pour ne pas dire quasi obligatoire. En fait, il n'en est rien : dans des populations qui ne sont pas sous-alimentées mais dont l'alimentation ne comporte pas les aberrations constatées quotidiennement dans nos sociétés dites de consommation, le poids reste stable pendant toute la période correspondant à l'âge adulte.

Pour tous ceux ayant des kilos en trop, il faut d'abord qu'ils comprennent et que surtout leur entourage admette que, le plus souvent, leur situation ne trouve pas son origine dans le fait qu'ils mangent trop. L'explication se trouve essentiellement dans le fait qu'ils mangent mal, qu'ils ont de mauvaises habitudes alimentaires et notamment qu'ils consomment trop de mauvais glucides.

Car sucres et glucides sont loin d'être équivalents. Tous, quelles que soient la nature et la complexité de leur molécule, sont transformés en glucose et la glycémie indique le taux de glucose contenu dans le sang. L'absorption d'un glucide provoque une élévation de la glycémie, quantifiée par l'index glycémique et plus ou moins importante selon la nature du glucide. L'organisme, plus particulièrement le pancréas, réagit à cette augmentation par la sécrétion d'une hormone destinée à faire entrer le glucose dans la cellule et à diminuer la glycémie : l'insuline.

C'est ainsi qu'on peut distinguer deux catégories de glucides : les « bons glucides » à index glycémique bas d'une part, les « mauvais glucides », à index glycémique élevé d'autre part. Ces derniers sont en outre à l'origine d'une production importante d'insuline dont les méfaits sont maintenant bien connus.

La méthode Montignac, sélective et non pas restrictive, va donc avoir pour premier principe d'éviter les aliments à index glycémique élevé et de privilégier tous ceux dont l'index glycémique est bas. En même temps, un choix très attentif doit être fait parmi les graisses. Car, comme pour les glucides, il y a les bons et les mauvais lipides (ou graisses).

Comme cela est expliqué en détail dans les différentes rubriques correspondantes à l'intérieur même du dictionnaire, la constitution en excès des graisses de réserve à partir des lipides est, dans une large mesure, une autre conséquence néfaste de l'hyperglycémie, laquelle induit un hyperinsulinisme à l'origine d'une fabrication des réserves graisseuses à partir des lipides.

Néanmoins, la présence des lipides dans l'alimentation est indispensable. Mais, dans une optique de prévention des maladies cardiovasculaires et connaissant la responsabilité du cholestérol dans ces maladies, il convient de choisir plutôt des graisses qui ont peu d'action sur le cholestérol sanguin ou même qui le font diminuer, en réduisant la consommation des graisses qui augmentent le cholestérol.

Toujours parce qu'elle n'est pas restrictive, la méthode Montignac permet d'apporter une ration suffisante de protéines, constituants fondamentaux de la cellule vivante, assurant ainsi le maintien des masses musculaires. En privilégiant les glucides à index glycémique bas, elle est de ce fait riche en fibres alimentaires, ces résidus végétaux résistant à l'action des enzymes de l'intestin grêle mais partiellement hydrolysés par la flore bactérienne colique et qui se trouvent, pour la plupart, dans ces bons glucides. Or, l'alimentation actuelle des habitants des pays industrialisés ne leur fournit pas la moitié des apports journaliers souhaitables en fibres. Il s'agit là d'un déficit d'autant plus préjudiciable pour l'organisme que ces fibres sont, souvent, les vecteurs de sels minéraux et de vitamines.

Ces principes étant admis, il est recommandé à ceux qui souhaitent réduire leur excès pondéral de procéder en deux phases.

La phase I correspond à la phase d'amaigrissement. Elle durera de un à plusieurs mois selon les individus et les objectifs. Elle ne comporte aucune restriction quantitative et, de ce fait, elle est facile à supporter. Elle est en revanche sélective, consacrée à l'abandon des mauvaises habitudes et à l'adoption des bonnes. Les aliments contenant de mauvais glucides sont exclus ou consommés d'une certaine manière à un moment particulier de la journée, tandis que sont choisis ceux contenant de bons glucides et de bonnes graisses. Les repas étant variés, l'alimentation de la phase I est équilibrée, riche en protéines, glucides, fibres, vitamines, sels minéraux et oligo-éléments.

La phase II est, en fait, le prolongement naturel de la précédente. Les mauvaises habitudes alimentaires du passé ayant été chassées et remplacées par de nouveaux réflexes, il est possible d'introduire avec discernement quelques aménagements. Il s'agit d'une phase de liberté en quelque sorte surveillée, avec possibilité de quelques écarts dont la gestion convenable devient une seconde nature.

Retrouver toute sa vitalité

Parmi les plaintes de nos contemporains, la fatigue est certainement la plus fréquente. « Le coup de pompe » de onze heures ou du milieu d'après-midi est un véritable handicap pour tous ceux qui travaillent, d'autant qu'ils n'en connaissent pas l'origine.

L'explication est pourtant simple puisqu'elle se trouve dans la consommation inconsidérée de glucides à index glycémique élevé. Ceux-ci tendent donc à induire une élévation anormale de la glycémie, à laquelle le pancréas répond par une sécrétion importante, parfois même disproportionnée, d'insuline. Cette réaction insulinique va faire baisser vite et fortement la glycémie provoquant alors cette fatigue, ces coups de pompe, ces maux de tête, ces bâillements, ces trous de mémoire, ces manques de concentration, ces troubles de la vision et parfois ces accès d'instabilité ou d'agressivité, bref tous ces petits malaises qui vont gâcher une journée, laisser une impression désagréable et qui, finalement, ne sont que les témoins d'hypoglycémies.

Des désagréments comparables tels que maux de tête, vertiges, fatigue, baisse de la vigilance pouvant être à l'origine d'accidents, sont la conséquence de ce qu'on pourrait appeler une mauvaise gestion des boissons alcoolisées. Deux erreurs sont à leur origine et leur élimination fait partie des recommandations de la méthode Montignac : la consommation des boissons alcoolisées à jeun et l'absorption d'une quantité excessive d'alcool au repas.

A la pollution de la nature par les insecticides, pesticides, herbicides, déchets chimiques et autres phosphates, s'ajoute la pollution alimentaire avec les antibiotiques et les hormones donnés aux animaux d'élevage ou encore avec les additifs alimentaires en tous genres, tandis que les techniques de conservation des aliments ou les nouveaux modes de cuisson (micro-ondes) viennent altérer la qualité de notre alimentation.

Or, par les choix qu'elle préconise, la méthode Montignac permet d'échapper à la plupart des pollutions alimentaires.

Beaucoup de troubles digestifs enfin peuvent être imputés à un manque de fibres alimentaires. La réintroduction de ces fibres en quantité correcte permet de régulariser le transit intestinal et donc d'améliorer une constipation éventuelle, principe qu'appliquaient très bien nos ancêtres en faisant une cure de poireaux. En outre, ces fibres stimulent les sécrétions salivaires, gastriques et de sels biliaires, favorisant ainsi la digestion.

Ainsi, en empêchant la survenue d'épisodes hypoglycémiques, en assurant une bonne gestion des boissons alcoolisées, en corrigeant les carences vitaminiques et minérales, en réduisant l'exposition aux différentes pollutions alimentaires, en améliorant les fonctions digestives, la méthode Montignac fournit des atouts essentiels pour retrouver toute sa vitalité.

Assurer une prévention cardiovasculaire

Chaque année, 120 000 Français sont victimes d'un infarctus du myocarde et 50 000 décèdent en raison des lésions de leurs artères coronaires provoquées par l'athérome. Certes, des chiffres bien plus élevés, jusqu'à trois et même quatre fois supérieurs, sont signalés dans d'autres pays. Mais, même si l'âge moyen de la mort par maladie cardiovasculaire se situe vers soixante-dix, soixante-quinze ans, donc assez proche de l'espérance moyenne de vie actuelle, il n'en reste pas moins justifié de prendre toutes les précautions d'ordre alimentaire susceptibles de nous en prémunir.

D'autant qu'il a bien été montré que, parmi les multiples facteurs dits de risque qui favorisent le développement de l'athérome, figurent en bonne place les anomalies lipidiques (excès de cholestérol et de triglycérides), le diabète et l'hypertension artérielle. Des facteurs qui sont, pour une grande part, induits ou aggravés par des décennies de mauvaises habitudes alimentaires, ces mauvaises habitudes que combat justement la méthode Montignac.

Pour ce qui concerne le diabète, on ne peut que redire et souligner l'intérêt, pour réduire les chiffres de glycémie, de choisir des glucides à index glycémique bas ainsi que celui de consommer des aliments riches en fibres notamment solubles (plus un aliment contient des fibres, moins il est hyperglycémiant).

Pour le cholestérol, les principes de la méthode sont parfaitement adaptés, qu'il s'agisse d'en diminuer le taux s'il est trop élevé ou de le maintenir à des valeurs normales. L'amaigrissement, en cas de surcharge pondérale, entraîne le plus souvent une amélioration de tous les paramètres biologiques et en particulier du cholestérol. Le choix des lipides, tel qu'il est préconisé, en réduisant la consommation des graisses saturées et en privilégiant celle de graisses polyinsaturées d'origine animale ou de graisses monoinsaturées, a un incontestable effet bénéfique sur le système cardiovasculaire.

Il a été prouvé que l'adoption d'une alimentation à index glycémique bas, en supprimant l'hyperinsulinisme, s'accompagne d'une régularisation des chiffres de cholestérol.

De son côté, l'augmentation de la quantité de fibres alimentaires dans la ration agit favorablement sur le taux de cholestérol. Quant à la recommandation d'une consommation modérée de vin, elle est également parfaitement justifiée puisque tous les travaux récents concordent pour montrer que de petites quantités d'alcool augmentent le taux du bon cholestérol et que les polyphénols ou encore l'acide salicylique du vin rouge protègent les parois des vaisseaux.

Enfin, la présence en excès dans le sang, en dehors du cholestérol, d'une autre variété de lipides, les triglycérides, constitue un facteur de risque cardiovasculaire à part entière, sous la responsabilité, le plus souvent, d'un excès de sucre ou d'alcool.

Là encore, les principes de la méthode Montignac sont parfaitement adaptés : éviter les sucres à index glycémique élevé ainsi que les grandes quantités de boissons alcoolisées, privilégier les glucides à index glycémique bas, manger souvent des poissons gras riches en graisses polyinsaturées et consommer quotidiennement de l'huile d'olive.

Concilier diététique et gastronomie

Manger doit rester un plaisir et un plaisir qui se partage.

Choisir la méthode Montignac ne consiste pas à adopter pendant une courte période un mode alimentaire marginal, pour revenir ensuite à ses anciennes habitudes. C'est parce qu'elle est variée, adaptable aux goûts et aux préférences de chacun, qu'elle peut être suivie indéfiniment. La présentation est toujours soignée et une application de la méthode avec une approche franchement gastronomique est parfaitement réalisable et même très recommandable. Il faut aussi savoir redonner aux repas une ambiance, un environnement, un contexte de convivialité. Il faut savoir consacrer le temps nécessaire à l'alimentation.

Ceci veut dire, et c'est un principe essentiel de la méthode, qu'il faut prévoir, dans son emploi du temps quotidien, trois périodes correspondant à trois repas. Cette règle des repas est absolument capitale. Il y a deux erreurs majeures à éviter : sauter un repas, que ce soit le petit déjeuner ou le déjeuner (voire les deux !), et passer la journée à grignoter. Et, finalement, la perspective d'une convivialité incite par elle-même à prendre ce temps nécessaire au déroulement des repas.

Retrouver la dimension hédonique et épicurienne de la nourriture, c'est aussi un des objectifs de la méthode Montignac.

Dr Philippe LETONTURIER
Médecin attaché en endocrinologie-nutrition
des Hôpitaux de Paris,
Rédacteur en chef du journal
La Presse médicale

NUTRITION

LES PRINCIPES GÉNÉRAUX DE A à Z

Abondance alimentaire

Alors qu'elle devrait être synonyme de bien-être, l'abondance alimentaire qui accompagne l'augmentation du niveau de vie dans les pays occidentaux correspond souvent à embonpoint et obésité.

Cet effet indésirable est en fait la conséquence d'une mauvaise gestion de cette abondance alimentaire. On a toujours remarqué, au cours des siècles, que ceux qui étaient gros étaient tous des privilégiés. Et on a pensé pendant longtemps que ces privilégiés mangeaient plus que les autres. En fait, leur excès de poids trouve son origine non pas dans une alimentation plus abondante mais dans une alimentation différente. C'est la conjonction d'apports à la fois riches en mauvais glucides (sucres, farines raffinées, pommes de terre, etc.) et en graisses (viande), conjonction rendue possible par l'élévation du niveau de vie et par l'abondance alimentaire, qui est responsable.

Il est fondamental de comprendre en effet, pour pouvoir bénéficier de la méthode Montignac, que le déclenchement de la prise de poids nécessite la réunion de deux facteurs : une alimentation hyperglycémiante générant un hyperinsulinisme d'une part ; une alimentation hyperlipémiante c'est-à-dire riche en graisses d'autre part.

Acide alpha-linolénique

Appelé aussi vitamine F, il est, avec l'acide linoléique*, un des deux acides gras essentiels que l'organisme ne sait pas synthétiser et, de ce fait, il doit être absolument apporté par l'alimentation.

Les besoins quotidiens sont de 2 grammes par jour et les réserves de l'organisme sont tout juste suffisantes pour 2 jours.

Il s'agit en fait d'un acide gras polyinsaturé d'origine végétale, surtout présent dans les huiles de noix, de soja et de colza. Une consommation journalière de 25 grammes d'huile de colza suffirait à couvrir les besoins. Il se trouve également dans le lait maternel, mais il est absent de certains laits artificiels.

Comme l'acide linoléique, il joue un rôle dans la structure des membranes cellulaires, notamment cérébrales, et il fait baisser le taux de cholestérol* total.

Malgré toutes ces qualités, il ne doit pas être consommé de façon excessive, car il risque alors de devenir toxique en donnant naissance à des dérivés peroxydés, eux-mêmes producteurs de radicaux libres* dont on sait le rôle dans les phénomènes de vieillissement notamment.

Acides aminés

Éléments de base constitutifs des protéines*, les acides aminés sont au nombre de 19. Parmi eux, 8 dits indispensables doivent impérativement être apportés par l'alimentation, car l'organisme ne sait pas les synthétiser.

A part l'œuf*, aucun aliment n'apporte un cocktail complet et équilibré d'acides aminés. L'absence d'un acide aminé indispensable peut constituer un facteur limitant à l'assimilation des autres. Il est donc impératif d'avoir une alimentation variée, dont les acides aminés proviennent de protéines d'origine aussi bien animale que végétale.

---

* Les termes suivis d'un astérisque font l'objet d'une rubrique.

Un régime végétalien* (constitué uniquement de végétaux) conduit forcément à un déséquilibre. Un régime végétarien*, comprenant des œufs et des laitages, n'a pas cet inconvénient. Un régime dont l'apport protéique repose seulement sur la viande et les poissons est carencé en un acide aminé indispensable, la lysine, d'où une gêne à l'absorption des autres acides aminés.

Acides gras essentiels

Deux acides gras polyinsaturés* doivent absolument être présents dans l'alimentation : il s'agit de l'acide linoléique* et de l'acide alpha-linolénique*, tous deux regroupés autrefois sous l'appellation de vitamine F.

Leur rôle essentiel dans la constitution des membranes des cellules cérébrales et dans le développement du système nerveux a été démontré ces dernières années. Leur carence pendant la petite enfance pourrait être à l'origine de troubles du développement intellectuel. Leur absence peut avoir une responsabilité importante dans le développement des plus graves maladies chroniques du métabolisme atteignant les populations des pays industrialisés et principalement toutes celles qui mettent en cause une insuffisance du système de défense immunitaire.

De mauvaises habitudes alimentaires*, courantes à notre époque, comme la nature douteuse des produits qui nous sont offerts, sont probablement à l'origine de ces carences.

Acides gras monoinsaturés

Les acides gras, constituant des lipides*, sont formés d'une chaîne d'atomes de carbone plus ou moins longue, sur laquelle se fixent des atomes de carbone. Or ces atomes de carbone peuvent établir entre eux des doubles liaisons. Quand il n'y a qu'une seule double liaison, il s'agit d'acides gras monoinsaturés.

Ces acides gras, dont le chef de file est l'acide oléique*, se trouvent dans les huiles d'olive*, de colza*, d'arachide* et aussi dans la graisse d'oie, toutes huiles qui ont pour caractéristique de faire baisser le cholestérol* total.

Acides gras polyinsaturés

Lorsque les atomes de carbone qui constituent les chaînes formant les acides gras établissent entre eux plusieurs doubles liaisons, on parle d'acides gras polyinsaturés. Ils peuvent être d'origine végétale ou animale.

Ceux d'origine végétale correspondent aux deux acides gras essentiels*, l'acide linoléique* et l'acide alpha-linolénique*.

Les acides gras polyinsaturés d'origine animale sont l'acide eicosapentaénoique (EPA) et l'acide docosahexaénoique (DHA). Qu'importe d'ailleurs leur nom. Ce qui importe, c'est de savoir qu'ils sont contenus dans les graisses de poisson. On a longtemps cru que les Esquimaux ne connaissaient pas les maladies cardiovasculaires pour des raisons génétiques. En fait il n'en est rien ; la raison de cette protection est liée à leur alimentation très riche en graisses de poisson.

La consommation de graisses de poisson entraîne en effet une baisse importante du LDL-cholestérol* (c'est-à-dire du « mauvais » cholestérol) et des triglycérides*, alors que le HDL-cholestérol* (le « bon » cholestérol) diminue très peu. Ainsi, plus le poisson est gras, plus il a une action bénéfique sur le cholestérol. Il ne faut donc pas hésiter à consommer saumon, thon, maquereau, anchois, hareng et sardines.

Acides gras saturés

Constitués de chaînes d'atomes de carbone sans double liaison, les acides gras saturés se trouvent surtout dans la viande*, la charcuterie*, le lait*, les laitages*, les fromages* et le beurre*. Pour ce qui concerne les volailles*, en dehors de la peau, leur taux de graisses saturées est faible.

Leur consommation excessive peut entraîner une élévation du taux de cholestérol et surtout de LDL-cholestérol (le « mauvais » cholestérol) susceptible de favoriser la survenue d'accidents cardiovasculaires. Elle pourrait également constituer un facteur de risque pour certains cancers.

Acide linoléique

C'est, avec l'acide alpha-linolénique*, un des deux acides gras essentiels que l'organisme ne sait pas synthétiser. Il doit donc absolument être apporté par l'alimentation.

Les besoins quotidiens sont de 10 grammes par jour, mais l'organisme en possède en réserve pour 60 jours.

C'est un acide gras polyinsaturé d'origine végétale, présent dans l'huile de pépin de raisin, ainsi que dans les huiles de tournesol et de maïs qui sont fréquemment consommées (20 grammes par jour suffisent).

Sa carence est donc rare. Elle entraînerait des troubles de la croissance, des anomalies cellulaires affectant surtout la peau, les muqueuses, les glandes endocrines et les organes sexuels.

Il fait baisser le taux de cholestérol* total et diminue l'agrégabilité des plaquettes sanguines, rendant de ce fait le sang plus fluide, moins susceptible de créer des thromboses (caillots) qui bouchent les vaisseaux. Il diminue la pression artérielle. Il neutralise les radicaux libres*, facteurs de vieillissement et de cancer.

Acide oléique

Chef de file des acides gras monoinsaturés*, il se trouve notamment dans l'huile d'olive*, mais aussi dans la graisse d'oie et, dans une moindre proportion, dans la graisse de canard.

Acide phytique

Contenu dans le son, il a été accusé de gêner l'absorption intestinale du calcium* en formant avec ce dernier des sels insolubles, les phytates de calcium, rejetés dans les selles. Cette perte calcique pourrait alors être à l'origine d'une décalcification progressive du squelette. Les troubles de l'ossification et les fractures spontanées observées pendant la guerre de 1939-1945 ont ainsi été imputés à la consommation de pain noir, riche en son.

Mais l'extrapolation au pain complet*, qui contient également de l'acide phytique, n'est pas justifiée. En effet, le vrai pain complet, fabriqué à partir de farine complète (et non avec un mélange de farine blanche et de son) contient des enzymes, les phytases, qui détruisent lors de la digestion un quart des phytates formés.

En outre, le pain complet et surtout le pain intégral* contiennent beaucoup plus de calcium que le pain blanc. Ainsi, même si une partie est éliminée sous forme de calcium, une part importante reste encore à la disposition de l'organisme.

Enfin, si le pain, complet ou intégral, est fait au levain naturel, ou si la panification est effectuée au levain de pâte, il en résulte une discrète acidité qui empêche la formation des phytates de calcium, laquelle nécessite un pH supérieur à 3 pour se produire.

Avec le pain complet ou avec le pain intégral au levain, il n'y a donc pas de problème lié à l'acide phytique.

Activité physique

Voir *Sport*.

Additifs alimentaires

Substances que les industriels ajoutent, d'où leur nom d'additifs, aux aliments afin de leur donner une meilleure présentation, une couleur attrayante par exemple, ou pour leur conférer une plus grande homogénéité, ou encore pour en améliorer le goût, quand il ne s'agit pas d'en retarder la dégradation ou d'en prolonger la conservation.

On conçoit donc qu'ils sont fort nombreux : plusieurs

centaines, comportant des colorants, des antioxydants, des émulsifiants, des stabilisants, des épaississants, des lubrifiants, des solvants et des conservateurs. Quoi qu'il en soit, il importe d'être plutôt sur la défensive à leur égard, car la plupart de ces additifs alimentaires sont des produits chimiques, donc non naturels. Certes, ils sont censés avoir fait l'objet d'un contrôle de toxicité et, à partir du moment où ils sont officiellement autorisés, ils sont théoriquement inoffensifs. Cependant, certains d'entre eux peuvent avoir des effets secondaires dont nous ne connaissons pas toujours la gravité. C'est le cas de la tartrazine, utilisée comme colorant dans certains produits de confiserie et qui est en fait allergisante.

D'une façon générale, tous les additifs destinés à embellir artificiellement un produit afin de séduire, voire de tromper le client, sont condamnables puisque non seulement ils ne sont pas nécessaires, mais qu'ils peuvent être toxiques.

Des phosphates et polyphosphates présents dans les boissons gazeuses, les charcuteries et les fromages peuvent, en bloquant certaines enzymes, induire des perturbations digestives. Les nitrites, utilisés longtemps comme conservateurs dans la charcuterie, favorisent la survenue de cancers de l'estomac ; ces derniers ont diminué des deux tiers depuis que l'emploi des nitrites a diminué.

L'anhydride sulfureux (SO_2), autorisé dans la fabrication des confitures, jus de fruits, vins, bières, moutardes, caramel notamment, est un irritant du tube digestif. En outre, il inactive la vitamine B1 pouvant contribuer à l'installation d'une avitaminose.

Le glutamate*, utilisé pour rehausser le goût de certains aliments, tels les plats cuisinés tout préparés, les soupes en sachet, les conserves, les surgelés ou encore ajouté à la cuisine chinoise servie aux Occidentaux, doit être considéré avec la plus grande méfiance. Certains vont jusqu'à le considérer comme un agent suicidaire du neurone...

Quelques additifs peuvent cependant être regardés avec

davantage d'indulgence. C'est le cas de certains antioxydants comme la vitamine C et la vitamine E, et de gélifiants comme les gommes agar-agar, carraghenates, alginates et farine de caroube, fibres solubles* qui contribuent à faire baisser l'index glycémique du produit.

Adipocytes

On les appelle plus simplement cellules graisseuses. Ces cellules, dont le cytoplasme contient des gouttelettes de graisse, sont, en quelque sorte, celles par lesquelles arrive tout le malheur de ceux et celles qui sont en excès pondéral. La masse graisseuse de l'organisme féminin est une fois et demie supérieure à celle de l'organisme masculin. En fait, c'est le nombre d'adipocytes qui est supérieur. Cette multiplication des cellules adipeuses est liée d'une part aux estrogènes* (voir *Cellulite*), d'autre part à des erreurs alimentaires de type régime hypocalorique*.

Chez la femme*, l'obésité* se traduit, comme chez l'homme, par une augmentation de volume de chaque cellule graisseuse. Mais, en plus et surtout, le nombre de ces adipocytes est augmenté. Et cette multiplication cellulaire n'est pas réversible : les cellules adipeuses peuvent diminuer de volume ; elles ne peuvent pas diminuer en nombre.

Il a été montré que c'est surtout dans les périodes de restriction alimentaire de type régime hypocalorique que l'organisme féminin, mettant en œuvre une politique de défense contre les privations, va fabriquer de nouveaux adipocytes.

C'est ainsi qu'il pourra, par la suite, récupérer d'autant plus vite la masse graisseuse perdue et même davantage puisque le nombre de cellules capables d'emmagasiner la graisse a augmenté.

De la sorte, les régimes hypocaloriques, illusoires et inefficaces, peuvent se révéler en outre nocifs en augmentant insidieusement le capital de cellules graisseuses et donc le potentiel d'obésité.

Adolescent

Il apparaît de plus en plus que l'adolescence est une période où s'installent de mauvaises habitudes alimentaires, dont certaines sont susceptibles de retentir sérieusement sur l'avenir.

Plusieurs études ont été faites chez des adolescents de seize à dix-huit ans. Pour ce qui concerne la répartition des repas, elles montrent que le petit déjeuner est en général insuffisant, avec 17 p. 100 de la ration énergétique et donc loin des 25 p. 100 souhaitables.

Les apports de calcium* sont également souvent trop faibles et bien loin des 1 200 milligrammes nécessaires quotidiennement. Or c'est à cette période que se constituent pour tout le reste de la vie les stocks de calcium de l'organisme dont l'insuffisance sera une des causes essentielles du développement ultérieur, après cinquante ans, d'une ostéoporose*.

La consommation de boissons est un autre sujet de préoccupation. Ainsi, 47 p. 100 des adolescents ont un apport hydrique insuffisant. Surtout, la consommation de cocas ou autres boissons sucrées est nettement déraisonnable. Indépendamment du risque lié aux index glycémiques* élevés de ces boissons, des scientifiques français et américains ont montré que l'adolescent ayant abusé pendant des années de telles boissons hyperglycémiantes réunit toutes les conditions pour passer à l'abus de boissons alcoolisées. Une enquête a montré que le pourcentage de ceux qui fréquentent un établissement scolaire et qui ont connu au moins une ivresse alcoolique au cours du dernier trimestre correspond à un tiers des lycéens.

Une autre enquête demandant à des adolescents de classer les aliments par ordre de préférence donne également des résultats inquiétants puisque les produits sucrés arrivent en tête, suivis par les frites, puis les tartes salées et le pain blanc. La première viande citée arrive seulement en treizième position.

Cette dérive alimentaire se traduit notamment par un excès pondéral. L'index de masse corporelle* est supérieur à 22 chez 12 p. 100 des lycéens, 18,6 p. 100 des élèves des lycées d'enseignement professionnel, 28,8 p. 100 des apprentis en centre de formation. D'autres études montrent que 36,4 p. 100 sont réellement obèses, avec un index de masse corporelle supérieur à 24, tandis que 25 p. 100 de ces adolescents ont déjà suivi un « régime pour maigrir ». Celui-ci a été dans 61 p. 100 des cas à base d'une suppression du sucre, d'une diminution des glucides et des lipides, dans 17 p. 100 hypocalorique, les autres reposant sur des techniques plus ou moins perverses telles que repas sautés par exemple.

En fait, ce qu'il faut craindre à cette période, c'est l'installation, dans une période psychique fragile, de troubles du comportement alimentaire comme l'anorexie* et surtout la boulimie*.

Enfin, ces mauvaises habitudes alimentaires de l'adolescent ont une incidence sur le taux du cholestérol* puisque 21 p. 100 des adolescents ont une cholestérolémie supérieure à la limite admise à cet âge, soit 1,80 g/litre, et même, pour 7 p. 100 d'entre eux, au-dessus de 2 g/litre.

Agro-alimentaire (révolution)

A la fin de la Seconde Guerre mondiale, après 1945, il s'est produit une véritable révolution agro-alimentaire conduisant, en raison à la fois de l'augmentation importante de la population (le « baby boom ») et de l'urbanisation intense, à produire plus et surtout différemment.

En 1950, les huit dixièmes de ce qui était consommé dans une ville de province de moyenne importance étaient produits dans les cinquante kilomètres environnants. Les 20 p. 100 restants venaient des départements alentour. Aujourd'hui, la situation est complètement inversée.

Pendant quarante ans, l'industrie agro-alimentaire n'a pas cessé de se développer en s'appuyant sur un large éventail de technologies toutes plus performantes les unes que les autres. L'augmentation des rendements s'est faite en mécanisant, en utilisant massivement les engrais chimiques, en généralisant l'utilisation des pesticides*, des insecticides et des fongicides, en organisant l'élevage industriel intensif, toutes techniques qui, si elles permettent l'abondance, sont synonymes de pollution alimentaire* et préjudiciables à des degrés divers à la qualité des aliments, favorisant un appauvrissement nutritionnel. Il en est de même des techniques de conservation* : réfrigération, surgélation, utilisation d'additifs alimentaires* et de conservateurs chimiques.

Alcoolisme

La consommation excessive d'alcool provoque de multiples problèmes nutritionnels, parmi lesquels d'importants déficits vitaminiques. Ceux-ci sont à l'origine de lésions hépatiques et cérébrales qui majorent les perturbations nutritionnelles.

Ainsi, la vitamine A* ou rétinol n'est active que si elle est transformée en rétinol par une enzyme, l'alcool déshydrogénase. Or celle-ci est cinquante fois plus attirée par l'alcool que par le rétinol, d'où, en raison de cette compétition, une carence en vitamine A chez l'alcoolique. Celle-ci provoque une atteinte de la rétine et parfois des troubles trophiques du nerf optique.

Un déficit en vitamine E* peut survenir chez l'alcoolique en raison soit d'une carence d'apport soit d'une mauvaise absorption intestinale liée à une anomalie de l'absorption des graisses. Il aggrave la carence en vitamine A.

La vitamine B12* est mal stockée chez l'alcoolique.

L'acide folique est également en quantité insuffisante chez les buveurs excessifs, sauf chez les consommateurs de bière.

La vitamine B1* est mal absorbée par l'intestin, d'où une carence observée, selon les études, chez de nombreux alcooliques, entraînant des troubles neurologiques sévères.

Quant à la vitamine B6*, sa carence, constatée chez plus de la moitié des alcooliques, s'explique par une accélération de sa dégradation, à la suite d'une compétition entre alcool et vitamines dans le foie.

Les troubles d'absorption intestinale et les phénomènes de superposition alcool-vitamines expliquent que le traitement oral de ces carences soit souvent inefficace. Seuls se montrent intéressants le rééquilibrage nutritionnel, l'abstention de toute boisson alcoolisée et l'administration de vitamines injectables.

Alginates

Fibres* solubles entrant dans la constitution des algues.

Aliments râpés

La râpe peut être qualifiée de véritable instrument de torture pour les végétaux. En augmentant de deux cents fois la surface mise à nu des légumes, elle entraîne une perte massive de vitamines qui fuient à grande vitesse : céleris, carottes, choux rouges. Ces derniers par exemple perdent 62 p. 100 de leur vitamine C en deux heures après un tel traitement. Il est donc illusoire de croire à un apport vitaminique quelconque quand la râpe a servi vingt-quatre heures voire quarante-huit heures plus tôt.

Allégés

Voir *Produits allégés.*

Amidon

Faisant partie des polysaccharides, c'est-à-dire des glucides* à plusieurs molécules (ici le glucose*), l'amidon se trouve dans les céréales comme le blé, le maïs, le riz, dans les tubercules tels que les pommes de terre et les ignames, dans les racines type carottes ou rutabagas et dans les graines, c'est-à-dire les haricots secs, les pois, les lentilles, le soja.

Anabolisants

Substances stimulant les phénomènes d'assimilation et entraînant notamment un accroissement des muscles. Utilisés à titre de dopage par des sportifs inconscients de leurs effets pervers, les anabolisants entraînent une prise de poids.

Anorexie

Perte ou diminution de l'appétit. Parmi les troubles du comportement alimentaire observés chez les adolescents, figure la restriction volontaire de l'apport alimentaire dont l'expression majeure est l'anorexie mentale. Celle-ci survient surtout chez les jeunes filles de quinze à vingt ans ; elle provoque un amaigrissement considérable ainsi qu'un arrêt des règles.

Antibiotiques

Utilisés lors du traitement d'animaux malades, ils sont également donnés régulièrement aux animaux d'élevage. En effet, on s'est aperçu il y a quelques décennies que, lorsque du bétail traité par antibiotiques était guéri, il prenait beaucoup plus facilement du poids que les autres. En outre, l'élevage en stabulation, dans des espaces restreints, étant source, par suite de la promiscuité, de contaminations multiples, une prévention de celles-ci par antibiotiques est peu à peu devenue habituelle.

Les fabricants sont donc autorisés à vendre aux éleveurs des sacs de nourriture dits antibiosupplémentés, qui ont théoriquement un double intérêt : prévenir les maladies infectieuses du bétail et obtenir une croissance pondérale des animaux plus rapide et plus importante.

Malheureusement, tous ces antibiotiques employés dans

l'alimentation animale se retrouvent dans la viande de boucherie et tout particulièrement dans le foie. Voilà de quoi réfléchir avant de se précipiter pour donner du foie de veau aux jeunes enfants.

Car ces petites quantités d'antibiotiques ainsi consommées régulièrement, par viande de boucherie interposée, favorisent le développement de souches microbiennes résistantes aux antibiotiques usuels et donc difficiles à traiter en cas de besoin. En outre, elles entraînent une destruction de la flore intestinale normale, laquelle conduit notamment à une carence en vitamines des groupes B et K.

Il est très difficile de faire la différence entre une viande vierge d'antibiotiques et une viande résultant d'une antibiosupplémentation. Cependant, à la cuisson, cette dernière a tendance à fondre en rendant beaucoup d'eau.

Certaines boucheries vendent des viandes provenant d'animaux n'ayant pas usé de tels traitements. Elles sont certes plus chères, mais sans doute vaut-il mieux consommer de la viande moins souvent si elle est de meilleure qualité.

Antidépresseurs

Ils font partie de ces médicaments susceptibles de gêner l'amaigrissement de ceux qui désirent maigrir ou même de faire prendre du poids. Ainsi les antidépresseurs tricycliques, prescrits lors des dépressions nerveuses, augmentent la prise alimentaire ; ils provoquent une attirance vers les glucides, avec accès boulimiques* ou grignotages*.

Anti-inflammatoires

Leur prise doit être réfléchie car ils peuvent, chez certains sujets particulièrement sensibles, aboutir à une prise de poids de deux à trois kilos, celle-ci étant davantage due à une rétention d'eau qu'à une accumulation de graisse. Il faut donc garder à ces produits des indications justifiées et ne pas les utiliser pour n'importe quelle angine, affection dentaire ou poussée de rhumatisme, ni pour n'importe quel épisode de règles douloureuses, d'autant qu'ils sont en outre capables de provoquer des hémorragies digestives.

Antioxydants

Substances capables de s'opposer à la production de radicaux libres* ou de peroxydes, eux-mêmes facteurs d'apparition de ces radicaux libres dont le rôle dans les phénomènes de vieillissement cellulaire et dans le développement de lésions vasculaires est bien établi.

Quatre micronutriments préviennent l'apparition de ces radicaux libres. Il est important d'avoir un apport alimentaire suffisant en ces antioxydants. Il faut donc consommer :

– Des aliments riches en vitamine E* comme le germe de blé, les huiles végétales brutes, les fruits oléagineux ;
– Des aliments riches en bêta-carotène*, à savoir d'une façon générale tous les légumes et fruits colorés et plus particulièrement le cresson, les épinards, les mangues, le melon, les abricots, les brocolis, etc.
– Des aliments riches en vitamine C* tels que le cassis, le persil, les kiwis, les citrons, les brocolis, les fruits et légumes surtout crus ;
– Des aliments riches en zinc*, par exemple les huîtres, les légumineuses, le foie de canard, la levure de bière ;
– Des aliments riches en sélénium* et c'est le cas des huîtres, du foie de poulet, du homard, du porc et du bœuf, des poissons, des œufs, des champignons, des oignons, du pain intégral et complet.

Anxiété

Chez la femme, l'hyperanxiété constitue une cause essentielle de résistance à l'amaigrissement. En effet, même en ayant un mode alimentaire convenable pour éviter l'hyperglycémie responsable de la sécrétion d'insuline du pancréas, ce dernier est amené à en sécréter sous l'effet de l'anxiété. Ainsi, après un repas protido-lipidique, les acides gras circulants risquent d'être mis en réserve. Pour lutter contre l'anxiété, le recours aux anxiolytiques* ne paraît pas une bonne solution puisqu'ils ont également des effets pervers sur le métabolisme. Il convient plutôt de pratiquer de la relaxation psychomotrice ou des techniques apparentées (comme le yoga ou la sophrologie).

Anxiolytiques

En augmentant l'appétit et le désir de sucreries, ils peuvent constituer une cause de prise de poids.

Apports caloriques ou énergétiques

Voir *Calories*.

Athérome

Lésion chronique des artères provoquée par la formation, dans leur paroi interne, de plaques jaunâtres constituées de dépôts lipidiques et notamment de cholestérol. Ces foyers constituent la manifestation initiale de l'athérosclérose, qui peut provoquer l'oblitération des artères qui en sont le siège telles que l'aorte, les artères coronaires, cérébrales ou des membres inférieurs.

Pour lutter contre cet athérome et les maladies cardiovasculaires qui en résultent, la méthode Montignac est particulièrement intéressante.

En effet :

– L'amaigrissement aide à normaliser la pression artérielle ; il soulage le travail cardiaque, facilite l'activité physique et réduit les facteurs de risque cardiovasculaire que sont les excès de cholestérol* et de triglycérides*, l'hyperinsulinisme* et l'insulinorésistance* ;

– Le choix de glucides à index glycémique* bas corrige un éventuel hyperinsulinisme et favorise la baisse du taux

de cholestérol total, du LDL-cholestérol*, dit encore « mauvais cholestérol », et des triglycérides ;
– La préférence pour les acides gras insaturés* et la limitation de la quantité de graisses saturées abaissent le cholestérol total, le LDL-cholestérol, les triglycérides. En outre, elle peut parfois contribuer à augmenter le taux de HDL-cholestérol* dit encore « bon cholestérol » ;
– L'alimentation riche en fibres, notamment solubles, corrige l'hyperinsulinisme et les hyperlipidémies ;
– Un bon apport de micronutriments fournit les antioxydants* protecteurs des parois vasculaires que sont les vitamines C* et E*, le bêta-carotène*, le zinc* et le sélénium*.

Ballonnement abdominal

Avec les flatulences, les spasmes douloureux, la constipation* et parfois la diarrhée, les ballonnements abdominaux font partie des principaux motifs de plainte concernant le fonctionnement intestinal.

Que l'on parle de « colite », de « colopathie spasmodique » ou de « côlon irritable »*, pour tous ces diagnostics qui ne peuvent être portés qu'après avoir éliminé, par coloscopie si besoin, la possibilité d'une maladie grave, une grande partie du traitement se trouve dans le contenu de l'assiette. En effet, il s'agit le plus souvent d'une hypersensibilité du gros intestin aux fermentations.

Parmi les défauts de l'alimentation contemporaine habituelle, un des plus fréquents est sa faible teneur en fibres*, de l'ordre de 15 grammes par jour, alors que la consommation souhaitable est de 30 à 40 grammes. Pour tous ceux qui se plaignent de ces troubles coliques, un régime enrichi en fibres est recommandé, d'autant plus qu'il peut exister une diverticulose colique. Les fibres agissent en captant l'eau intestinale, augmentant ainsi le poids des selles et la vitesse du transit.

Mais cet apport supplémentaire de fibres doit être fait à la fois progressivement et assidûment. En effet, la consommation subite d'une quantité importante de fibres peut entraîner, elle aussi, des ballonnements, des gaz, voire des douleurs abdominales lorsque les intestins sont fragiles et irritables. Un certain nombre d'échecs s'expliquent ainsi par un abandon précoce du traitement, en raison de l'aggravation passagère des ballonnements.

La consommation de céréales* complètes (pâtes*, riz*, pain*, semoule), mais aussi de légumineuses* doit suffire à assurer cet enrichissement de l'alimentation en fibres. On pourra aussi, si nécessaire, faire appel au son de blé (issu de culture biologique), mélangé à un laitage tel que fromage blanc ou yaourt. On commencera alors par un apport de cinq grammes de son par jour, qui sera augmenté par palier hebdomadaire de cinq grammes, jusqu'à l'obtention de la dose souhaitée, certains échecs étant en effet dus à une dose insuffisante.

Même si les intestins protestent un peu au début, il faut persévérer, car ces petits désagréments indiquent en fait que le côlon se remet à fonctionner normalement.

Barbecue

Même s'il est synonyme de souvenirs agréables et s'il évoque week-ends à la campagne et vacances, le barbecue horizontal au charbon de bois doit être considéré comme un mode de cuisson dangereux.

En effet, la chaleur fait fondre la graisse de la viande ou des poissons. Celle-ci subit, au contact des braises, une réaction de pyrolyse, ce qui provoque la formation de benzopyrènes cancérigènes d'autant plus abondants que l'aliment est plus gras.

Il est sûr que la cuisson de nos aliments n'est pas faite quotidiennement au barbecue. Néanmoins, il vaut mieux, quand on l'utilise, opter pour le barbecue vertical qui entraîne un écoulement des graisses sans qu'elles puissent entrer en contact avec la flamme.

Basses calories (régimes à)

Illusoires et inefficaces, les régimes à basses calories (à moins de 1 500 calories) ont en outre un effet pervers puisqu'ils consolident, à terme, le potentiel d'obésité féminin, en augmentant insidieusement le capital d'adipocytes*.

Quand on étudie l'histoire d'un obèse dépassant de plus de quinze à vingt kilos le poids normal, on constate, dans la plupart des cas, que l'essentiel de cette surcharge pondérale s'est constitué en plusieurs années, à la suite de la mise en œuvre de régimes hypocaloriques* (voir également ce mot) successifs.

A chaque fois qu'un tel régime a été entrepris, l'évolution du poids s'est faite en trois phases : amaigrissement, stabilisation et reprise. Lors des premières tentatives, la courbe de poids revient plus ou moins à la valeur de départ ; ensuite, lors des tentatives ultérieures, on aboutit à un gain supplémentaire de poids. C'est ainsi que, pour avoir voulu obstinément perdre cinq kilos, alors que leur poids était stable, certaines personnes se retrouvent, quinze ans plus tard, avec une surcharge pondérale de trente kilos, tout en étant complètement sous-alimentées.

Car, en dehors des énormes frustrations qu'ils comportent, ces régimes de misère induisent des carences en nutriments indispensables tels que les acides gras essentiels, les sels minéraux, les vitamines, les oligo-éléments. Il en résulte une très grande fatigue, une plus grande vulnérabilité face à la maladie, les moyens de défense étant réduits.

Enfin états dépressifs, troubles du comportement alimentaire de type anorexie* ou boulimie* peuvent être la rançon de ces régimes répétés à basses calories.

Besoins liquidiens

L'organisme perd chaque jour environ 2,4 litres de liquide : 1 400 millilitres d'urine, 100 millilitres dans les selles, 400 millilitres de sueur, 500 millilitres de vapeur d'eau par la respiration. Il s'agit évidemment de chiffres moyens susceptibles d'être modifiés par les conditions de température extérieure ou d'activité physique.

Quoi qu'il en soit, ces pertes liquidiennes doivent être compensées par des apports équivalents. Ainsi, normalement, la boisson doit fournir 1 500 millilitres, les aliments, par l'eau qu'ils contiennent, 800 millilitres, la transformation digestive des aliments, 200 millilitres. On arrive ainsi à un total de 2,5 litres pour une journée.

Parmi les aliments, excellente source de liquide pour l'organisme, les fruits frais, les légumes, les féculents, les œufs, le lait contiennent plus de 70 p. 100 d'eau. En revanche, les fromages en contiennent seulement de 35 à 50 p. 100, le pain 35 p. 100, le beurre 15 p. 100.

Pour éviter de trop diluer les sucs digestifs, il est préférable de boire peu lors des repas et de prendre des boissons en quantité suffisante au cours de la journée. Ainsi, le litre et demi de liquide nécessaire chaque jour peut être pris de la manière suivante : 150 millilitres au réveil sous forme de jus de fruit frais par exemple, 300 millilitres d'eau vers 10 heures, 200 millilitres d'eau ou de vin au déjeuner, 150 millilitres d'eau vers 15 heures, 150 millilitres (eau ou thé) vers 17 heures 30, 200 millilitres d'eau au dîner, 150 millilitres (eau ou tisane) au coucher.

Bien entendu, en cas d'activité physique intense, il faut boire beaucoup avant, pendant et après l'effort.

Bêta-agonistes

On appelle agoniste une substance ayant pour effet d'accroître un effet recherché. Concernant le bétail, il s'agit pour les éleveurs indélicats d'obtenir la croissance la plus rapide possible. Les bêta-agonistes constituent une nouvelle génération d'anabolisants, plus difficiles à déceler par les services de contrôle.

Selon l'ordre des vétérinaires, ces produits sont dangereux tant en ce qui concerne leurs effets sur la qualité organoleptique des viandes que sur leur métabolisme et sur le mode d'élimination des résidus chez les animaux traités. Des intoxications ont été signalées avec la consommation de foie.

Bêta-bloquants

Les médicaments appartenant à cette classe thérapeutique sont prescrits pour traiter l'hypertension artérielle ou pour prévenir les accidents cardiaques liés à l'insuffisance coronarienne. Ils peuvent également être prescrits comme traitement de fond de la migraine ou pour supprimer certains tremblements, liés au trac par exemple.

Malheureusement, ils peuvent être à l'origine d'une prise de poids car ils réduisent la thermogénèse alimentaire par baisse du tonus sympathique. Cela précisé, il faut savoir qu'il est possible de les remplacer (mais jamais brutalement en raison d'un risque d'accidents cardiaques graves), en accord avec le cardiologue, par d'autres médicaments dont les effets secondaires sur le poids sont moindres.

Bêta-carotène

Précurseur de la vitamine A, le bêta-carotène fait partie des cinq anti-oxydants* qui s'opposent à l'apparition des radicaux libres*. Il peut être consommé en abondance et sans aucun risque, ce qui est facile à réaliser puisqu'il est présent dans tous les légumes et fruits frais de préférence très colorés (verts ou orangés).

Bilan calorique

Comparant d'un côté les apports énergétiques, de l'autre les dépenses, exprimés l'un et l'autre en calories, le bilan calorique est à la base de la plus grande erreur d'interprétation qui soit concernant les variations pondérales. Il est en effet à l'origine de ce qu'on peut aussi appeler le mythe de « l'homme chaudière ». Selon cette théorie, l'organisme humain fonctionne comme une chaudière. Pour vivre, il a besoin d'énergie, laquelle lui est fournie par son alimentation.

L'embonpoint et *a fortiori* l'obésité sont considérés comme la conséquence d'un déséquilibre entre les entrées (l'alimentation) et les sorties (les dépenses). En d'autres termes, les kilos en trop représenteraient un résiduel énergétique, le résultat d'un bilan calorique excédentaire.

Ainsi, toujours selon cette théorie, en cas d'excès de poids, de deux choses l'une, soit les apports sont trop élevés, soit les dépenses sont trop faibles. Ce qui se traduit par l'équation suivante : sont gros ceux qui mangent trop, ceux qui ne font pas assez d'exercice, ceux qui additionnent les deux défauts.

De là est née la théorie hypocalorique selon laquelle, pour maigrir, il suffit de manger moins. Tous les aliments peuvent, en fonction de leur poids et de la catégorie à laquelle ils appartiennent (glucides*, lipides*, protides*), être classés en fonction de leur pouvoir calorique. Et tous ceux qui ont des problèmes de poids n'ont plus eu qu'à se mettre à compter des calories.

En effet, en décidant que l'organisme humain avait besoin de 2 500 calories par jour, la théorie expliquait comment faire varier son poids selon la consommation énergétique réelle. Si l'on consommait 3 000 calories, il y avait un excédent de 500 calories, mises en réserve et entraînant une prise de poids. En revanche, en se contentant de 2 000 calories, il y avait alors déficit de 500 calories obligeant l'organisme à puiser dans ses graisses de réserve pour compenser la différence, d'où perte de poids.

Cette théorie des calories affirmait donc que, pour maigrir, il suffisait de manger moins, et que ceux qui grossissaient mangeaient trop. Une théorie simpliste, à la base de la diététique imposée et enseignée au cours des dernières décennies, mais malheureusement démentie pour ne pas dire ridiculisée quotidiennement. Car cette théorie a un défaut majeur : elle ignore délibérément les phénomènes d'adaptation et de régulation du corps humain à la nature des nutriments ingérés, comme elle nie les particularités personnelles qui font que chaque individu est unique.

Bio (produits d'agriculture biologique)

L'agriculture biologique ne fait pas appel aux engrais* chimiques, aux pesticides* ni à tout autre polluant. Pour ce qui concerne les engrais, elle recourt à des engrais naturels, c'est-à-dire organiques. Ceux-ci ont pour effet de nourrir les micro-organismes du sol lesquels, après les avoir élaborés, vont donner aux plantes les éléments nutritifs dont elles ont besoin. Le processus est celui d'une digestion donnant lieu à une véritable transformation de la nature.

A l'inverse, les engrais chimiques, produits artificiels de synthèse, pénètrent directement dans les plantes par osmose, sans intervention des micro-organismes. De composition incomplète, ils entraînent des déséquilibres dans le sol qui se répercutent, par végétaux interposés, chez l'homme et chez les animaux.

BMI *(Body Mass Index)*

Voir *Index de masse corporelle.*

Boulimie

C'est la consommation gloutonne, souvent sans faim, de quantités énormes de nourriture, indépendamment de leur qualité gustative, la seule limite étant apportée par le contenu gastrique.

Ce trouble du comportement peut alterner avec l'anorexie*, notamment chez l'adolescente*. Après une phase de restriction volontaire de la nourriture créant une sensation insoutenable de faim, l'adolescente se met à manger compulsivement, passant en phase boulimique. Celle-ci peut en outre comporter des vomissements volontaires ou encore une prise de laxatifs, de diurétiques ou de coupe-faim. La situation est alors particulièrement dangereuse car elle peut entraîner une baisse du taux de potassium, elle-même à l'origine de troubles du rythme cardiaque et d'une fatigabilité musculaire intense. Bien que ce type de trouble du comportement alimentaire soit beaucoup plus fréquent dans les pays anglo-saxons qu'en France, les études statistiques indiquent une fréquence non négligeable d'épisodes boulimiques chez les étudiantes françaises puisque la boulimie est signalée chez 6 p. 100 d'entre elles.

Broméline

Cette substance, contenue dans l'ananas, ferait fondre les graisses d'où la prescription de « régimes ananas* ». Mais la broméline est surtout située dans la tige, qu'on ne mange pas... et ce n'est pas là le seul défaut de ce régime. La broméline ne fait pas baisser le taux d'insuline, comme on a pu le dire.

Calcium

Avoir un stock de calcium correct est absolument fondamental pour l'organisme puisque son insuffisance est à l'origine de la raréfaction de la trame osseuse qui correspond à une affection redoutable après la ménopause* et au troisième âge : l'ostéoporose* Cette dernière provoque des douleurs mais surtout des fractures (poignet, col du fémur, vertèbres).

Ce stock de calcium se constitue pendant les vingt premières années de la vie ; ensuite toute l'existence se poursuit en puisant sur ces réserves. Si le régime alimentaire a été pauvre en calcium pendant l'enfance ou l'adolescence*, le risque de survenue d'une ostéoporose à soixante ans est plus important. Le phénomène s'aggrave chez la femme si la ration en calcium et en vitamine D est encore insuffisante après cinquante ans, car à cette période, du fait de l'arrêt de la sécrétion d'estrogènes correspondant à la ménopause, l'organisme perd davantage de calcium.

Les apports calciques doivent donc être particulièrement

surveillés chez la femme à deux périodes : pendant l'adolescence et après la ménopause.

A l'adolescence, 1 200 milligrammes de calcium sont nécessaires chaque jour. Cet apport calcique permettra non seulement d'achever la construction du squelette, mais encore de fournir à l'organisme des réserves suffisantes pour des périodes marquées par des pertes importantes de calcium, comme les grossesses ou surtout la post-ménopause.

Il faut donc consommer des laitages ou des fromages à chacun des trois repas, en sachant qu'il y a 300 milligrammes de calcium dans 30 grammes de gruyère, 50 grammes de camembert, 2 yaourts, un quart de litre de lait, 300 grammes de fromage blanc, 10 petits suisses. Les laitages à 0 p. 100 de matière grasse contiennent toujours autant de calcium.

D'autres aliments sont également capables de fournir du calcium en quantité appréciable. C'est ainsi que l'on trouve aussi 300 milligrammes de calcium dans 100 grammes de semoule, 150 grammes de cresson, 150 grammes d'amandes ou de noisettes, 400 grammes de pain intégral, 850 grammes de chou vert, 4 grosses oranges, 1 kilo de poisson, 2 kilos de viande.

Connaissant ces aliments riches en calcium et leur teneur respective, il est donc facile de parvenir à la quantité quotidienne nécessaire.

Après la cinquantaine, la ration calcique de la femme devrait être de 1 200 à 1 500 milligrammes par jour. Or, les enquêtes alimentaires concernant les Françaises démontrent qu'elle est, en moyenne, de 700 milligrammes par jour à peine, donc nettement insuffisante et ce d'autant plus qu'une consommation exagérée d'alcool (plus d'un demi-litre de vin par jour) ou excessive de café (plus de quatre tasses) augmente les pertes de calcium. Il en est de même du tabagisme. En outre, le risque de cancer* côlo-rectal est augmenté en cas de déficit calcique.

Calorie

Unité utilisée en physiologie pour mesurer la valeur énergétique des aliments. Quand on parle de calorie, il s'agit en fait de grande calorie ou encore de kilocalorie. Pour respecter les normes internationales, on devrait calculer en kilojoules, une kilocalorie correspondant à 4,18 kilojoules.

La possibilité de quantifier les apports alimentaires par leur valeur calorique est à la base de la théorie des calories, émise dans les années trente et qui a dominé, pour ne pas dire tyrannisé, la diététique au cours des dernières décennies (voir *Bilan calorique*).

Rappelons cependant les principes sur lesquels repose cette théorie des calories.

Quand un aliment est mis dans une enceinte thermique, il est possible de calculer l'énergie qu'il dégage. Par exemple, pour 100 grammes de beurre, 750 calories ; pour 100 grammes de porc, 380 calories ; pour 100 grammes de miel, 290 calories ; pour 100 grammes de cabillaud, 80 calories. D'une façon plus générale, pour ce qui concerne les constituants de base de notre alimentation, on sait que 1 gramme de protéines* fournit 4 calories, 1 gramme de glucides* également 4 calories, 1 gramme de lipides* apporte 9 calories et 1 gramme d'alcool, 7 calories.

D'autre part, il est possible de calculer la dépense énergétique d'un individu en le mettant dans ce qu'on appelle une chambre métabolique. Son activité courante, c'est-à-dire mouvements habituels (mais pas un travail de force), digestion, métabolisme de base, maintien de la température à 37 °C, correspond à une dépense quotidienne d'environ 2 500 calories.

Selon la théorie des calories, si les apports sont supérieurs aux dépenses, l'excédent s'accumule et le sujet prend du poids. A l'inverse, il perd du poids si les dépenses sont plus élevées que les apports.

Une belle théorie pour des résultats complètement faux, comme le montre l'observation quotidienne, avec des sujets qui dévorent comme quatre et qui restent obstinément maigres, tandis que d'autres, qui picorent plus qu'ils ne mangent, se désespèrent de ne pouvoir perdre leurs kilos superflus.

Il y a les observations. Il y a aussi les constatations scientifiques qui expliquent pourquoi la théorie ne conduit pas aux résultats attendus. C'est ainsi qu'il a été montré que l'utilisation métabolique des nutriments est variable selon l'heure de la journée et selon la saison. La combustion des glucides par l'organisme est plus importante le matin que le soir, l'été que le reste de l'année. De même, les lipides sont davantage utilisés au printemps qu'en été.

Il est donc insuffisant de ne considérer que l'apport calorique des aliments. L'heure de la journée, la saison où la nourriture est ingérée entrent également en ligne de compte. Il en est de même de l'action des fibres* contenues dans certains aliments, et qui sont de véritables « pièges » à calories.

Voilà pourquoi la belle théorie des calories est fausse et pourquoi les régimes hypocaloriques* échouent.

Cancers (prévention nutritionnelle des)

Il est admis aujourd'hui que 80 p. 100 des cancers proviennent en partie de l'environnement et que l'alimentation est responsable de près de 40 p. 100 d'entre eux.

En fait, le cancer résulte de l'action, sur un organisme prédisposé (hérédité, critères métaboliques), de différents paramètres liés à l'environnement. Sous l'effet de ces facteurs environnementaux, les substances cancérigènes sont amenées à jouer le rôle d'un « initiateur » entrant en contact, de manière brève et précoce, avec des cellules du corps. Celles-ci sont transformées, de sorte qu'elles peuvent potentiellement se modifier et proliférer.

Sous l'effet d'un agent non cancérigène dit « promoteur », ces cellules vont alors se multiplier, donnant naissance à une tumeur.

Il faut donc plusieurs séquences anormales pour qu'une cellule devienne cancéreuse. L'alimentation peut être un maillon déterminant de cette chaîne. Au fil des années, à la suite d'études épidémiologiques, on a ainsi pu déterminer quels nutriments ou aliments étaient susceptibles de favoriser l'apparition d'un cancer.

C'est ainsi qu'il a été montré que la cuisson des protéines des viandes entraîne la production d'amines hétérocycliques pouvant favoriser les cancers du côlon et du rectum. D'ailleurs le risque de voir apparaître ces cancers chez ceux qui consomment quotidiennement bœuf, veau, porc ou mouton est deux fois et demie supérieur à celui existant chez ceux qui n'en consomment qu'une fois par mois. Mais attention, à l'inverse, les carences protéiques, en favorisant des déficits immunitaires, permettent aux cancers de se développer plus facilement. L'excès de graisses saturées dans l'alimentation semble favoriser l'apparition des cancers du sein, de l'ovaire, du col de l'utérus, du côlon et du rectum. Ainsi, au Japon, où l'alimentation, au cours des dernières décennies, s'est modifiée en s'occidentalisant et en s'enrichissant alors en viandes, le cancer du sein a augmenté de 58 p. 100 entre 1975 et 1985.

En revanche, le poisson, l'huile d'olive et l'huile d'onagre contiendraient des lipides aux effets protecteurs contre les cancers.

En fait, il faut veiller à toujours conserver un rapport correct entre les différents acides gras, saturés et non saturés, de l'alimentation.

Le sel en excès, notamment les viandes, charcuteries et poissons conservés par salaison ou marinade favorisent le cancer de l'estomac. La fréquence de ce dernier a diminué de 64 p. 100 chez les Japonais depuis qu'ils ont réduit la consommation d'aliments ainsi conservés au profit de produits frais, réfrigérés ou surgelés.

L'alcool consommé de façon excessive favorise la survenue de cancers, peut-être en modifiant les cellules des parois intestinales, facilitant ainsi anormalement le passage de substances carcinogènes présentes dans les intestins.

En France, les cancers dus à l'alcool, à savoir du pharynx, de la bouche, de l'œsophage, du larynx, du foie, sont responsables d'environ 14 000 morts par an. Une bouteille de vin à 10° contient 80 grammes d'alcool. La consommation quotidienne de 80 à 100 grammes d'alcool multiplie par 10 le risque de cancer. Ce risque est multiplié par 50 en cas de tabagisme associé (20 cigarettes par jour).

D'ailleurs, un tiers des cancers sont dus au tabagisme, en cause à lui seul dans 90 p. 100 des cas de cancers des poumons, des voies aérodigestives supérieures, de l'œsophage et de la vessie.

Une mauvaise hygiène dentaire, souvent constatée chez ces sujets consommateurs d'alcool et de tabac, augmente encore les risques.

Le nombre de cancers serait réduit de 56 p. 100 grâce au simple arrêt du tabagisme et à la diminution des excès de boissons alcoolisées.

Restent les additifs alimentaires* et autres polluants qui inondent nos aliments depuis la révolution agro-alimentaire*. Parmi les pesticides* couramment employés, le carboryl inhibe l'action des macrophages, cellules impliquées dans la défense de l'organisme, tandis que le lindane leur fait produire des substances anormales semblables à des radicaux libres* dont on sait qu'ils favorisent la survenue de cancers, ou encore à des leucotriènes (médiateurs chimiques impliqués dans des phénomènes allergiques et inflammatoires). Quant aux nitrates* de l'eau, ils peuvent se transformer en nitrites puis en nitrosamines cancérigènes. Les nitrites ont été utilisés, pendant longtemps, comme conservateurs pour la charcuterie ; depuis que leur emploi a diminué de 75 p. 100, la fréquence du cancer de l'estomac a baissé de 66 p. 100. Certaines bières, contenant des nitrosamines, sont responsables de cancers digestifs. Certains modes de cuisson sont également, par eux-mêmes, cancérigènes. C'est le cas avec le barbecue* horizontal qui provoque la formation de benzopyrène cancérigène à partir des graisses tombées au contact des braises. Les aliments fumés, qu'il s'agisse de viandes, de poissons ou de charcuterie, ont été pendant longtemps responsables de cancers de l'estomac dans les pays (pourtour de la Baltique, Japon) où leur consommation était habituelle. Enfin, lorsque le beurre est soumis à des températures trop élevées, supérieures à 130 °C, il libère une substance cancérigène, l'acroléine.

A l'inverse, des facteurs alimentaires ont un rôle protecteur contre les cancers. C'est le cas des antioxydants* (vitamine C*, vitamine E*, bêta-carotène*, zinc*, polyphénols*), qui s'opposent aux radicaux libres cancérigènes.

C'est le cas également du calcium* dont le déficit multiplie par trois le risque de cancer côlo-rectal, alors qu'expérimentalement il a été montré qu'un apport quotidien de 1 250 milligrammes de calcium diminue la prolifération des cellules tumorales coliques. Voilà une raison supplémentaire pour consommer des laitages écrémés en quantité suffisante, d'autant qu'ils sont débarrassés de leurs acides gras saturés.

Les fibres* alimentaires, notamment les fibres insolubles (cellulose, hémi-cellulose) ont une action protectrice sur les parois coliques et rectales. En effet, elles diminuent le temps de contact entre des agents carcinogènes potentiels (comme les acides biliaires) et la muqueuse colique, car elles diluent le contenu intestinal par hydratation des selles et elles accélèrent le temps de transit. De même, elles réduisent le temps d'action de la flore colique sur certaines substances biliaires et elles évitent la prolifération cellulaire colique sous l'action des acides biliaires. En fait, pour que l'enrichissement du régime en fibres exerce un effet préventif suffisant à l'égard du cancer côlo-rectal, il faut en outre que la consommation de viande soit diminuée.

Les graisses insaturées, telles les huiles non oxydées de

soja, de maïs, d'olive et de tournesol auraient un effet protecteur contre le cancer.

Des substances protectrices, en dehors des fibres et de la vitamine C, se trouvent encore dans certains légumes, dans le chou et le brocoli dont les indols inactivent les estrogènes, dans le concombre sous forme de stérols, dans le persil dont les polyacétylènes bloquent l'action nocive de certaines prostaglandines, dans le romarin où la quinone augmente l'action des enzymes détoxifiants. En outre, les isoflavones de nombreux légumes inactivent certaines enzymes intervenant dans la cancérogénèse.

Enfin, même en cas de cancer déclaré, à condition qu'il ait été diagnostiqué et traité précocement, tous les mécanismes sont encore réversibles. Il est donc toujours temps de changer d'habitudes alimentaires. D'ailleurs une nutrition bien conçue peut constituer un traitement adjuvant efficace, permettant de minimiser les effets secondaires d'une chimiothérapie ou d'une radiothérapie éventuelles.

Caractéristiques nutritionnelles

Elles correspondent à la nature des aliments consommés. Elles sont essentielles à connaître puisque ce n'est pas la quantité d'énergie contenue dans les aliments qui provoque une prise de poids, mais bien ces caractéristiques nutritionnelles. A titre d'exemple, pain blanc* et pain intégral* contiennent la même quantité d'énergie ; consommés sous forme de pain beurré, ils n'ont pourtant pas le même effet sur la courbe de poids d'une personne ayant tendance à l'embonpoint. Le premier, aliment raffiné auquel on a ôté ses fibres, ses protéines, ses vitamines, ses sels minéraux et ses oligo-éléments, induit une forte glycémie. L'hyperinsulinisme* qui en résulte permet en particulier un stockage de graisses, par exemple du beurre qui a servi à constituer les tartines d'où prise de poids. Le second, le pain intégral, aliment brut ayant conservé la totalité de son contenu nutritionnel d'origine, induit une faible élévation glycémique. Il n'entraîne donc pas de sécrétion excessive d'insuline, pas de stockage d'acides gras, pas de prise de poids.

Carences (en protéines, en vitamines, en sels minéraux)

L'insuffisance en un ou plusieurs éléments nécessaires à la nutrition de l'organisme s'observe malheureusement de façon courante dans notre pays. Elle est la conséquence des régimes* hypocaloriques successifs que s'imposent ou se laissent imposer de nombreux candidats à l'amaigrissement.

Ces carences en nutriments indispensables comme les acides gras essentiels, les vitamines, les acides aminés, les sels minéraux, les oligo-éléments, se traduisent par un état de fatigue chronique ainsi que par une grande vulnérabilité face à la maladie, en raison de l'affaiblissement des moyens de défense.

Cellules graisseuses

Voir *Adipocytes.*

Cellulite

La cellulite est une véritable hantise, un cauchemar pour une majorité de femmes adultes. C'est en effet à cette période de l'existence qu'elle est la plus évidente, mais elle est la résultante d'un long processus qui débute dès l'adolescence. Elle a une origine multifactorielle car elle met en jeu des facteurs aussi bien génétiques que circulatoires, hormonaux, alimentaires ou psychologiques. Il y a cependant toujours initialement un élément hormonal, constitué soit par un excès de sécrétion d'estrogènes, soit par une hypersensibilité à ces estrogènes présents alors en quantité normale.

Les estrogènes* agissent sur les cellules graisseuses* ou adipocytes*, dont elles favorisent l'augmentation de nombre ou de taille. Cette augmentation se fait principalement à trois niveaux : les fesses, les hanches et les cuisses. Le schéma de fabrication de la cellulite est simple. Sous l'action des estrogènes les adipocytes, gonflés de graisse, augmentent de volume et compriment les vaisseaux sanguins. Les échanges circulatoires se font de façon défectueuse. La zone sous-cutanée s'épaissit alors, donnant naissance à la fameuse peau d'orange. De plus, les déchets cellulaires sont mal évacués, les mouvements d'eau sont perturbés et les filets nerveux sont comprimés, d'où les douleurs. Le tissu conjonctif de soutien se durcit et finit par cloisonner les dépôts graisseux. Outre les estrogènes, d'autres hormones sont impliquées : il s'agit de l'insuline* dont l'alimentation régit l'importance de la sécrétion et des glucocorticoïdes de la glande surrénale dont le taux est augmenté en cas de stress*.

• D'abord prévenir

Le meilleur moyen de lutter contre la cellulite est d'en assurer la prévention et ce dès l'adolescence. La première des mesures consiste à éviter toute délinquance alimentaire en appliquant les principes nutritionnels de la méthode Montignac. Contre les troubles circulatoires (jambes lourdes et gonflées) parfois déjà présents dès la puberté, il faut éviter les bains trop chauds, les trop longues expositions au soleil et le tabagisme. Un traitement visant à lutter contre l'insuffisance veineuse peut éventuellement être associé sur prescription médicale. Les vêtements et sous-vêtements trop serrés qui gênent la circulation sanguine sont vivement déconseillés.

La pratique d'une activité sportive est nécessaire pour combattre les effets néfastes de la sédentarité, d'autant que des muscles insuffisamment développés laissent la place libre pour des coussinets graisseux.

Enfin, il est bon d'apprendre à gérer son stress non pas à coups de médicaments tranquillisants ou anxiolytiques, mais plutôt avec des techniques comme la relaxation, le yoga ou la sophrologie.

• Quand la cellulite est là

Faute de prévention, il n'est cependant pas trop tard pour agir. Rappelons que l'origine est multifactorielle. S'il n'est pas facile d'agir sur un éventuel déséquilibre hormonal et s'il n'est pas possible de modifier une prédisposition naturelle, en revanche de mauvaises habitudes alimentaires et une mauvaise hygiène de vie peuvent être combattues. Il sera ainsi possible de stopper le processus cellulitique, voire de l'inverser. Mais cela implique un abord global du problème et une révision du mode de vie. C'est ainsi qu'il faut prendre les mesures suivantes :

– Correction de tout excès pondéral : en effet, les graisses de réserve aggravent les compressions dues à la cellulite. Une fois l'excès de poids disparu, on pourra mieux discerner ce qui est réellement imputable à la cellulite, notamment dans son aspect inesthétique. C'est alors que l'on pourra, entre autres, entreprendre un éventuel traitement local.

– Adoption de bonnes habitudes alimentaires : ce qui veut dire abandonner les mauvaises habitudes, éviter l'excès d'alcool et adopter pour toujours les grands principes de la méthode Montignac en privilégiant la consommation de glucides à index glycémique* bas au détriment des glucides à index glycémique élevé (mauvais glucides).

– Traitement d'une insuffisance veineuse : il repose sur les mêmes principes que ceux indiqués à l'adolescence.

– Lutte contre le stress : là encore, les mêmes mesures que celles préconisées à titre préventif sont recommandées.

– Application de crèmes locales : elle est sans effet quand elle est faite isolément. En revanche, des résultats peuvent être obtenus quand elle est associée aux mesures précédentes. Ainsi, les crèmes à base de caféine améliorent considérablement la cellulite superficielle, mais il faudra cependant éviter les massages trop profonds ; ceux-ci pour-

raient « décrocher » les nodules et faire « ballotter » une cellulite jusqu'alors bien fixée.
– Et éventuellement... : pour les futures mères, l'allaitement peut constituer une opportunité pour faire disparaître la cellulite. Le fait a été constaté par des femmes appliquant les principes de la méthode et ayant allaité. Cela n'avait pas été le cas lors de précédentes grossesses. La conjonction de deux facteurs est donc nécessaire pour que le résultat apparaisse : allaitement et changement des habitudes alimentaires. Pour toutes les autres, qui n'ont pas programmé de grossesse, un remède de bonne femme qui a fait ses preuves : une cure d'huile de foie de morue*, à la dose d'une cuiller à soupe par jour au lever pendant au moins quatre mois, est susceptible de donner des résultats intéressants sur leur cellulite, tout en étant associée à l'application des principes de la méthode. En effet, il a été démontré que la consommation d'huile de poisson entraînait une diminution substantielle des masses graisseuses, notamment abdominales. Reste à vaincre les répugnances bien compréhensibles pour ingurgiter la potion. Le mieux est de mettre le tout dans un verre (si possible en carton, car jetable) et de boire d'un trait en se pinçant le nez. Le jus de deux citrons, sans sucre naturellement, permet de faire disparaître le mauvais goût résiduel.

Enfin, quand les résultats obtenus grâce à tous ces moyens ne paraissent pas satisfaisants, le recours à un geste complémentaire de chirurgie esthétique est possible. Le spécialiste déterminera le traitement le plus approprié en fonction de la nature de la cellulite. Il existe en effet de multiples possibilités : drainage lymphatique, mésothérapie, cellulolipolyse, lipoject, lipo-endolose ou encore liposuccion. Mais attention : le prix de ces traitements est élevé !

Cellulose

Il s'agit d'un glucide non assimilable lors de la digestion et qui n'apporte donc pas d'énergie. Appartenant à la catégorie des fibres* alimentaires insolubles dans l'eau, elle exerce une influence capitale dans la digestion, sur le métabolisme des glucides et des lipides et dans la prévention de nombreuses maladies. La cellulose se trouve dans les fruits où elle représente 25 p. 100 de leurs fibres, dans les légumes (40 p. 100) et dans les céréales (20 p. 100). Elle aide à lutter contre la constipation.

Cholestérol

Substance grasse de type stérol présente dans les tissus et humeurs de l'organisme, le cholestérol est essentiellement connu pour les risques cardiovasculaires qu'il fait courir quand son taux sanguin est trop élevé (hypercholestérolémie*). Mais le problème du cholestérol est bien plus complexe En effet, le cholestérol n'est pas forcément aussi indésirable qu'on le croit. Il est même indispensable à notre organisme. C'est une molécule essentielle pour la fabrication des membranes cellulaires, de certaines hormones et de la bile. Quant à l'hypercholestérolémie, elle n'est qu'un des facteurs de risque cardiovasculaire et il en est bien d'autres tout aussi importants, voire plus, comme le tabagisme, l'hypertension artérielle, le diabète, l'hyperinsulinisme, l'hérédité...

Dans l'organisme, le cholestérol a deux origines : 70 p. 100 sont synthétisés par le foie et 30 p. 100 seulement viennent de l'alimentation. Ainsi le cholestérol peut rester élevé dans le sang même si le régime alimentaire en est dépourvu. En revanche, les acides gras saturés* d'origine animale ont une influence néfaste sur la cholestérolémie qu'ils augmentent.

Il existe deux types de cholestérol : le « bon » cholestérol dit encore cholestérol HDL* et le « mauvais » cholestérol ou cholestérol LDL*.

L'idéal est d'avoir et de maintenir un taux de cholestérol sanguin total inférieur ou égal à 2 grammes par litre, dans lequel la proportion de « bon » cholestérol est la plus importante possible. En effet, même si le taux de cholestérol n'est pas le seul facteur en cause, loin s'en faut, on sait que les risques cardiovasculaires sont multipliés par deux pour une cholestérolémie à 2,2 grammes par litre et par quatre quand elle est supérieure à 2,6 grammes par litre. Huit millions de Français ont un cholestérol total supérieur à 2,5 grammes par litre. Or faire baisser le cholestérol de 12,5 p. 100 permet de diminuer de 19 p. 100 le taux d'infarctus du myocarde dans une population.

Il est important de savoir que toutes les graisses ne favorisent pas l'augmentation du « mauvais » cholestérol. Il en est même qui ont tendance à le faire diminuer. De ce fait, il est justifié et pratique de distinguer trois catégories de graisses :

– Première catégorie : les graisses augmentant la cholestérolémie. Elles sont constituées d'acides gras saturés*. Ce sont celles qui se trouvent dans la viande*, la charcuterie*, le lait* entier, le beurre*, les laitages* non écrémés et les fromages*.

Une consommation excessive de ces graisses saturées est susceptible d'induire une hypercholestérolémie, facteur favorisant la survenue d'accidents cardiovasculaires. En outre, l'abus de ces graisses pourrait constituer un facteur de risque pour certains cancers.

– Deuxième catégorie : les graisses ayant peu d'action sur le cholestérol. Elles sont contenues dans les graisses de volaille*, à l'exception de la peau, dans les crustacés* et dans les œufs*.

– Troisième catégorie : les graisses diminuant la cholestérolémie. Elles sont ainsi susceptibles de s'opposer au développement des dépôts graisseux (athérome*) dans la paroi artérielle. Elles correspondent à des acides gras mono- ou polyinsaturés* qui se trouvent surtout dans les huiles*, les margarines*, les fruits oléagineux* et les poissons*, ou encore dans les viandes et graisses d'oies ou de canards qui ont été gavés.

Cholestérol HDL

Le cholestérol* est véhiculé dans le sang par des protéines qui lui servent en quelque sorte de « transporteur ». L'ensemble cholestérol-protéines entre dans la catégorie des lipoprotéines que l'on peut classer selon leur densité.

C'est ainsi qu'on isole des lipoprotéines de haute densité ou HDL (pour *High Density Lipoproteins*). Celles-ci ont pour fonction d'ôter le cholestérol des parois artérielles pour le conduire au foie afin qu'il soit éliminé.

Ayant ainsi la propriété de nettoyer les artères de leurs dépôts athéromateux, ce cholestérol HDL est appelé le « bon cholestérol ». Plus son taux est élevé, plus le risque d'accident cardiovasculaire diminue. Il doit être supérieur à 0,45 gramme par litre chez l'homme, à 0,55 gramme par litre chez la femme. Quant au rapport entre cholestérol total et HDL, il doit impérativement être inférieur à 4,5.

Cholestérol LDL

Dans le sang, le cholestérol* se trouve transporté sous forme de lipoprotéines, qui diffèrent notamment selon leur densité.

Les lipoprotéines de basse densité ou LDL (pour *Low Density Lipoproteins*) distribuent le cholestérol aux cellules, notamment à celles des parois artérielles qui deviennent le siège de plaques d'athérome. Celles-ci peuvent être à l'origine, selon leur siège : d'une artérite pour les membres inférieurs, d'une angine de poitrine ou d'un infarctus du myocarde pour les vaisseaux coronaires, d'un accident vasculaire cérébral, d'une hypertension artérielle.

Le cholestérol LDL a donc été baptisé le « mauvais cholestérol ». Son taux doit être inférieur à 1,30 gramme par litre ; au-dessus de cette valeur, plus il est élevé, plus le risque d'accident cardiovasculaire augmente.

Côlon irritable

Il s'agit le plus souvent de l'hypersensibilité aux fermentations et aux fibres alimentaires du gros intestin qui réagit par des spasmes douloureux ou une inflammation de ses parois. Les crises peuvent s'accompagner de constipation ou de diarrhée.

Dénommé également colite, ou encore colopathie spasmodique, le côlon irritable conduit souvent ceux qui en sont atteints (plus souvent des femmes) à supprimer peu à peu de leur alimentation une liste impressionnante d'aliments, pensant ainsi empêcher la survenue de ces réactions intestinales souvent pénibles. Ils en arrivent ainsi à des apports alimentaires complètement déséquilibrés.

C'est le cas de ceux qui suppriment tout produit à base de lait* sous prétexte qu'ils sont *a priori* en cause. Le seul effet de cette décision grave risque d'être l'apparition d'une carence calcique ou protéique. Si l'intolérance au lactose, le glucide du lait, a une réalité incontestable, elle ne doit pas empêcher la consommation de lait fermenté (yaourt, fromage) toujours bien supporté. L'allergie vraie aux protéines du lait est rare.

C'est aussi le cas de ceux qui suppriment de leur alimentation les aliments riches en fibres*. C'est là une très grave erreur puisque, au contraire, les fibres régularisent le transit intestinal et ses troubles.

Certes, les fibres crues (crudités) et les fruits secs peuvent accentuer l'irritation des parois coliques. Il faut donc, dans un premier temps, préférer les légumes verts cuits, à cellulose tendre, ainsi que les fruits bien mûrs, non acides ou cuits. De même, les tomates doivent être pelées car leur peau contient de la silice. Ce n'est que lorsque les douleurs auront disparu que les aliments provisoirement supprimés peuvent être réintroduits. Dans un dernier temps, il est possible d'ajouter au besoin du son, en augmentant les doses de 5 grammes par semaine de façon à parvenir à une dose de 20 grammes. La consommation d'aliments complets peut également faire partie du programme.

Une bonne mastication des aliments et, en particulier, des féculents est indispensable. Elle permet à l'amylase salivaire d'avoir le temps d'agir ; sinon, malgré l'action de l'amylase pancréatique, des résidus d'amidon risquent de fermenter dans le côlon et de donner des gaz susceptibles de déclencher des crises douloureuses.

Enfin, il ne faut pas oublier qu'un ventre rond et gonflé est souvent la manifestation d'un tempérament stressé. Il est préférable de manger dans un endroit peu bruyant, sans précipitation, et avec quelqu'un dont la compagnie est reposante. Les repas en solitaire, sans convivialité, ont tendance à être trop rapides. Des exercices respiratoires, en rentrant le ventre à fond, musclent la paroi abdominale et opèrent un massage colique. Effectués de temps à autre dans la journée, ils peuvent être bénéfiques, comme peuvent l'être dix minutes de relaxation après le repas.

Un recours à la psychothérapie n'est pas habituellement inutile.

Compulsions alimentaires

Ce sont des impulsions soudaines et irrésistibles à consommer de mauvais glucides, essentiellement des sucreries. Les quantités ingérées sont variables, mais elles peuvent être importantes, témoignant de la difficulté pour le sujet à obtenir le plaisir recherché.

Conservation

L'organisation de la société moderne, la nécessité de dissocier l'alimentation des populations des caprices de la production impose de recourir presque constamment à des procédés de conservation pour retarder la dégradation des aliments.

Pour ce qui concerne les vitamines, disons que les produits congelés en sont plus riches que les conserves. Ainsi, des épinards surgelés (- 18 °C) ont encore 90 p. 100 de leur teneur en vitamine C au bout de huit mois, à condition d'avoir été blanchis auparavant (la teneur n'est plus que de 5 p. 100 s'ils n'ont pas été blanchis).

L'ionisation*, nouvelle technique, offre des avantages très intéressants pour tout ce qui concerne les problèmes de conservation.

Constipation

Définie comme un retard d'évacuation associé à une déshydratation des selles, la constipation se caractérise par une fréquence de selles inférieure à trois fois par semaine, alors qu'elle varie de trois selles par jour à quatre par semaine chez le sujet normal.

Plus de la moitié des Français se plaignent de constipation ; parmi eux, les trois quarts sont des femmes.

En dehors de la constipation d'apparition récente chez un sujet de la cinquantaine au transit jusqu'alors normal et qui doit faire suspecter l'existence d'un cancer digestif, il s'agit d'une anomalie existant depuis plusieurs années et parfois même depuis l'enfance. Elle a alors deux origines possibles : soit une perte du réflexe d'expulsion, soit une progression retardée des matières à l'intérieur du côlon. Dans le premier cas, perte de la sensation du besoin d'aller à la selle, les médicaments et les modifications des habitudes alimentaires n'ont guère d'efficacité. Il faut en fait entreprendre une rééducation du réflexe exonérateur, avec le concours d'un kinésithérapeute spécialement formé à ces techniques, lesquelles font souvent appel au biofeedback.

Dans le deuxième cas, de loin le plus fréquent, marqué par une paresse intestinale, le traitement comporte l'association d'une série de mesures, avec, en premier lieu, un rééquilibrage de l'alimentation.

– Les mesures alimentaires

Il faut commencer la journée en prenant au réveil un

verre de jus de fruits* frais. En effet, le liquide, en arrivant dans l'estomac vide, déclenche un réflexe gastrocolique qui donne envie d'aller à la selle.

Il convient également d'enrichir l'alimentation en fibres*. Cela est facilement réalisé par la consommation de céréales* complètes (pâtes, riz, pain intégral ou complet) ainsi que par celle de légumineuses* riches en fibres insolubles. Il est également possible d'adjoindre, si nécessaire, 20 grammes de son de blé (issu de culture biologique), mélangé à un laitage. Cet apport de fibres doit se faire progressivement afin d'éviter les effets indésirables (ballonnements*, gaz et même douleurs abdominales) que ne manquerait pas de provoquer une consommation subite et importante.

L'alimentation doit suffire à apporter la dose voulue de fibres sans que l'on soit forcé de recourir à des produits vendus en pharmacie tels que gommes, mucilages, etc.

Les boissons* doivent être abondantes en dehors des repas. L'apport d'un litre et demi d'eau plate est souhaitable. Il convient de se méfier du thé* dont les tanins ont un effet astringent. Le côlon absorbant deux à trois litres d'eau par jour, il faut bien se souvenir que des apports liquidiens insuffisants sont à l'origine de selles plus sèches et plus difficiles à expulser.

Pour favoriser la vidange de la vésicule biliaire et encore mieux lutter contre la constipation, il est aussi possible de prendre des peptones de bouillons de viande ou une cuiller à soupe d'huile d'olive au réveil, le goût de cette dernière étant masqué par un jus de citron fraîchement pressé bu immédiatement après.

Enfin, pour en terminer avec les mesures alimentaires destinées à lutter contre la constipation, deux pratiques nocives doivent être abandonnées. Il s'agit d'abord d'un éventuel régime hypocalorique*, car parmi les multiples effets indésirables de ce type de régime figure l'instauration d'un mauvais réflexe gastrocolique et donc d'une constipation terminale. Il s'agit en second lieu de la consommation d'huile de paraffine*, laquelle peut se révéler dangereuse de façon prolongée.

– Les mesures associées

Pour avoir leur pleine efficacité, ces mesures alimentaires doivent être complétées par :

• Une rééducation intestinale avec présentation à la selle à heures régulières, même en l'absence de besoin perçu ;
• De l'activité physique (marche, natation, bicyclette, gymnastique) pour renforcer la musculature abdominale ;
• Un arrêt impératif des laxatifs : ce sont des produits antiphysiologiques qui forcent l'intestin à fonctionner, sans traiter la paresse intestinale. En outre, leur abus est à l'origine d'une maladie, dite des laxatifs, avec diarrhée rebelle, douleurs abdominales, fatigabilité extrême et chute importante et dangereuse du taux de potassium ;
• Une suppression, si elle est médicalement possible, de tous les médicaments susceptibles d'induire une constipation, comme les antidépresseurs.

– L'intérêt du traitement de la constipation

Traiter la constipation est important car cela revient à prévenir le développement d'autres affections qui peuvent apparaître dans son sillage :

• Reflux gastro-œsophagien, correspondant à la remontée de liquide gastrique acide dans l'œsophage ;
• Hernie hiatale ;
• Hémorroïdes ;
• Varices qui apparaissent à la suite des fortes pressions abdominales qui se développent chez les constipés lors des efforts d'exonération.

Quant au régime enrichi en fibres, il prévient ou améliore la colite diverticulaire ou diverticulose colique marquée par la formation, dans la paroi du côlon, de petits renflements appelés diverticules. Ces derniers sont susceptibles de s'enflammer, de s'infecter, de former le lit d'un cancer intestinal.

Corps gras

C'est la dénomination couramment utilisée pour désigner les lipides* ou graisses* (voir ces mots).

Après avoir été pendant des siècles les aliments les plus recherchés et les plus appréciés, les corps gras sont aujourd'hui l'objet de tous les reproches et, par voie de conséquence, de toutes les exclusives. Et pourtant, leur présence dans l'alimentation et leur consommation sont importantes, voire indispensables. Il importe donc de faire preuve à leur égard d'objectivité et de réalisme.

Le terme corps gras désigne également des graisses utilisées comme adjuvants à l'alimentation.

Ainsi, pour tartiner, il est possible de prendre 10 à 15 grammes de beurre* par jour. Au-delà de cette quantité, il est recommandé de recourir à une margarine* au tournesol. Pour assaisonner à froid les salades et les crudités, il est préférable d'utiliser de l'huile de tournesol* pour l'acide linoléique*, de l'huile de colza* pour l'acide alpha-linolénique*, de l'huile d'olive* pour les acides gras mono-insaturés. Ces huiles peuvent être soit mélangées à l'avance dans une même bouteille, soit utilisées en alternance ; il existe également dans le commerce des mélanges tout préparés.

Pour assaisonner à chaud, au moment de servir un plat, on peut recourir, pour les légumes ou les pâtes, à un filet d'huile d'olive de première pression à froid, à une noix de beurre ou de margarine au tournesol. S'il s'agit d'un court-bouillon, on peut mettre une cuillerée à soupe de crème fraîche allégée.

Pour la cuisson, ne jamais mettre de beurre ou de gras (si besoin, utiliser de l'huile d'olive) ; éviter les sauces et leur préférer les jus.

Quant aux fritures, elles sont inutiles, antidiététiques et nocives. Ceux qui ne peuvent s'en passer doivent utiliser une huile de tournesol, d'olive ou d'arachide, dont la température ne dépassera pas 180°C. Le bain doit être conservé à l'abri de la lumière et de la chaleur entre deux fritures et entièrement renouvelé après huit fritures.

Cortisone

Hormone produite par les glandes corticosurrénales, elle est utilisée en thérapeutique habituellement pour des maladies graves où le pronostic vital ou fonctionnel peut être en jeu (rhumatismes inflammatoires, infections sévères, asthme, cancers).

Elle entraîne une prise de poids par rétention d'eau et de sel et elle perturbe le métabolisme des glucides. Cependant, ces problèmes, notamment celui de la surcharge pondérale, passent au second plan compte tenu de la sévérité de l'affection traitée. De toute façon, une prévention est possible en cas de prise de fortes doses de cortisone ou de traitements prolongés grâce à l'adoption d'un régime strict sans sel et contrôlé en glucides.

Coupe-faim

Destinés, comme leur nom l'indique, à couper l'appétit, ils sont tous à base d'amphétamines et sont donc, de ce fait, fortement psychostimulants. Ils peuvent ainsi provoquer des états d'excitation aboutissant à des troubles du comportement avec diminution de l'autocritique et de l'autocontrôle. A leur arrêt peut survenir une dépression nerveuse avec un risque de suicide.

Le plus gros défaut de ces produits est la création d'un état de dépendance majeure, source de toxicomanie.

En fait, leur utilité est pour le moins contestable puisque les obèses* mangent rarement trop. Quant aux sujets ayant des troubles du comportement alimentaire de type boulimie*, la prise d'amphétamines ne peut qu'avoir un effet aggravant (voir également *Dexfenfluramine*).

Cuisson

Elle est incontestablement une ennemie pour les vitamines, le temps de cuisson étant plus redoutable que la température elle-même.

Les enzymes, avides de vitamines, et dont le rôle est de procéder à la destruction du produit, par exemple après l'arrachage, sont particulièrement actives entre 50 et 65 °C alors qu'elles sont à peu près neutralisées à 95 °C. Ainsi, un aliment cuit se conserve mieux qu'un aliment cru.

Les légumes perdraient plus de vitamines en étant cuits à l'étouffée qu'à la vapeur. Moins le temps de cuisson serait long, plus modeste serait la déperdition. Aussi, il vaudrait mieux cuire à l'autocuiseur (cocotte minute) que de laisser mijoter à feu doux.

En cas de cuisson à l'eau, l'essentiel des vitamines et sels minéraux perdus se trouve dans cette eau de cuisson. Si les légumes sont de culture biologique, il est donc important de la récupérer, pour faire de la soupe par exemple. Dans le cas contraire on peut hésiter, car cette eau de cuisson contient aussi tous les polluants alimentaires nocifs (nitrites*, pesticides*, insecticides, métaux lourds).

Dans un autre ordre d'idées, il convient d'être vigilant à l'égard de la cuisson des graisses. Une graisse végétale chauffée à 170°C (température nécessaire à la cuisson d'un steack) se sature et se transforme à l'égard du cholestérol en une graisse nocive.

La nocivité des grillades cuites au barbecue* horizontal est désormais bien démontrée.

Quant au four à micro-ondes*, il est l'objet de vives polémiques. Dans le doute, il convient d'être prudent et de le considérer plus comme un appareil d'appoint que comme un instrument de cuisson d'usage quotidien.

Cycle menstruel

La femme vit dans un climat hormonal variable qui est toujours susceptible d'induire une prise de poids. Des climats hormonaux différents s'observent effectivement au cours des étapes successives de la vie féminine (enfance, puberté, âge adulte, grossesse*, ménopause*), ce qui n'est pas le cas dans le sexe masculin.

En outre, chaque cycle menstruel spontané, c'est-à-dire sans pilule*, donne lieu à des variations hormonales qui influent sur l'appétit et sur le métabolisme des graisses.

Ainsi, la prise alimentaire est moyenne la première semaine du cycle. Elle baisse lors de la deuxième semaine. Elle est faible au moment de l'ovulation. Elle augmente de façon notable dans les huit derniers jours du cycle.

Au point de vue métabolisme, la première partie du cycle, correspondant à un climat estrogénique dominant, est marquée par une baisse de la lipoprotéine-lipase et donc par une inhibition partielle de la lipogénèse.

Dans la seconde partie du cycle, la progestérone entraîne une baisse de consommation des protéines et un attrait pour les glucides, notamment le sucre, sans doute à la suite de la baisse du taux de sérotonine cérébrale. Les « petites faims » dans les jours qui précèdent les règles ainsi que la prise de poids qui les accompagne s'expliquent physiologiquement.

Enfin, avant les règles, certaines femmes se plaignent de « gonfler » et il y a effectivement un net surpoids. Avec la nervosité, l'irritabilité ou la fatigue, ce gonflement entre dans le cadre du syndrome prémenstruel*.

Déjeuner

Dans les conditions de vie moderne, le déjeuner, sous prétexte de travail ou de « régime pour maigrir », est très souvent léger et même supprimé.

Dans la méthode Montignac*, la répartition des apports alimentaires en trois repas par jour est absolument fondamentale. Il n'est pas question de sauter un repas et le déjeuner doit être suffisamment copieux pour permettre de prendre un bon relais par rapport au petit déjeuner.

Le déjeuner, comme les autres repas, doit surtout permettre au pancréas d'avoir un fonctionnement correct. En effet, une des conséquences majeures des mauvaises habitudes alimentaires d'un grand nombre d'entre nous est une sollicitation pancréatique anormale, puisque, pour répondre à la consommation excessive d'aliments hyperglycémiants, la réponse consiste en une production augmentée d'insuline, c'est-à-dire en un hyperinsulinisme*.

Les deux phases de la méthode Montignac s'appliquent bien entendu pour le déjeuner.

Déjeuner (phase I)*

Le déjeuner n'est pas limité en quantité. Il doit être suffisant pour procurer un sentiment de satiété.

Il comprend généralement une entrée, un plat principal accompagné d'un très bon glucide à index glycémique* très bas, tel que les légumes verts, un fromage ou un laitage. Il n'y a pas de pain.

• L'ENTRÉE

Elle peut être constituée de crudités, de viandes, de poissons ou d'œufs.

– Les crudités

Elles sont à privilégier car elles comportent une quantité importante de fibres* assurant une bonne réplétion de l'estomac. Elles contiennent en outre des sels minéraux et des vitamines, d'autant mieux disponibles que l'aliment n'est pas cuit.

Les crudités suivantes sont donc recommandées : artichauts, avocats, brocolis, céleris, champignons, choux rouges ou blancs, choux-fleurs, cœurs de palmier, concombres, cornichons, haricots verts, poireaux, radis, tomates. Il en est de même de toutes les salades, par exemple le cresson, les endives, la laitue, la mâche, le pissenlit, la scarole.

L'assaisonnement pourra être fait avec une vinaigrette

normale, c'est-à-dire constituée d'huile, de vinaigre, de sel, de poivre et, éventuellement, d'un peu de moutarde. L'huile d'olive* est à privilégier en raison de son utilité pour la prévention des maladies cardiovasculaires.

Le céleri pourra être préparé en rémoulade, c'est-à-dire avec un peu de sauce mayonnaise. De la même façon, on pourra ajouter au concombre soit un peu de crème fraîche allégée, soit, ce qui est beaucoup mieux, du fromage blanc à 0 p. 100 de matière grasse.

Les noix, les noisettes et les pignons de pin peuvent également être acceptés dans les salades.

En revanche, sont à oublier dans la phase I : les carottes, les pommes de terre, le maïs, le riz, le couscous (taboulé).

Sont aussi à refuser catégoriquement les mayonnaises et les vinaigrettes toutes faites en raison du sucre et des additifs indésirables, comme l'amidon et diverses farines suspectes, qu'elles comportent. Sont également bannis : les croûtons.

– Les poissons* et crustacés*

Il faut en user et même en abuser chaque fois que l'occasion se présente. En outre, plus le poisson est gras, plus il contribue à faire baisser le cholestérol et à protéger les artères.

Ainsi, peuvent faire l'objet d'une entrée : les anchois, les harengs (mais de grâce, sans pommes de terre), les sardines (grillées ou à l'huile d'olive si possible), les maquereaux, le thon, les crevettes, la langouste et le homard, le crabe, les gambas et les scampis, les coquilles Saint-Jacques, pratiquement tous les coquillages. Les huîtres sont à éviter en phase I, de même que les langoustines. Les unes et les autres contiennent en effet un peu de glucides, ce qui n'est pas souhaitable à cette phase, surtout si le nombre de kilos à perdre est important.

Toutes les terrines à base de poisson sont les bienvenues à condition d'avoir été fabriquées à la maison et non dans le circuit de l'industrie alimentaire. En effet, dans ce dernier cas, elles contiennent de nombreux additifs parmi lesquels des liants à base de farines de fécules ou d'amidon, du sucre sous toutes ses formes (sirop de glucose et autres polyols*) et du glutamate*.

– Les charcuteries*

Leur consommation ne peut être envisagée qu'avec des réserves et ce pour trois raisons : elles contiennent une quantité importante de graisses saturées, variables il est vrai selon les morceaux et les modes de fabrication ; celles qui proviennent des grands circuits de distribution sont bourrées d'additifs ; surtout, elles sont faites le plus souvent avec des viandes de qualité déplorable, provenant de porcs élevés dans des conditions concentrationnaires.

La consommation de charcuterie ne peut donc être que modérée, et seulement en cas de certitude sur la qualité.

– Les œufs*

Frais, issus d'un élevage traditionnel, ils ont un jaune un peu cuivré. Ils ont alors un intérêt nutritionnel exceptionnel, lié à la présence de nombreuses vitamines : A, D, E, K, B8, B9 et B12.

Les graisses saturées qu'ils contiennent et qui leur sont reprochées sont en fait peu assimilées du fait de la présence de lécithine. Le risque cardiovasculaire serait donc moindre en cas d'hypercholestérolémie.

– Autres entrées possibles

Une salade niçoise ou une assiette landaise, mélangeant plusieurs des aliments précédents, font partie de ces entrées possibles. Il est cependant essentiel d'en connaître la composition exacte, notamment au restaurant, afin de ne pas avoir la surprise de trouver dans son assiette des ingrédients indésirables en cette phase I tels que carottes, maïs, riz, sans oublier les abominables croûtons.

Un fromage, type crottin de Chavignol chaud sur un lit de salade, constitue encore un bon exemple d'entrée, du moment qu'il n'y a pas de toast pour l'accompagner. Quant au foie gras*, qui contient une proportion importante d'acides gras monoinsaturés* tels que l'acide oléique* ayant la propriété de protéger le système cardiovasculaire, il n'est cependant pas recommandable en phase I, tout au moins quand il y a de nombreux kilos à perdre. Il est en effet sucré, car il contient une partie du glycogène de l'animal.

– Les entrées interdites

Ce sont toutes celles qui sont en quelque sorte les témoins des mauvaises habitudes antérieures, essentiellement du fait des glucides hyperglycémiants, susceptibles d'induire un hyperinsulinisme, qui les constituent.

Ainsi, sans que la liste soit exhaustive, sont à exclure : tout ce qui est à base de pommes de terre, le riz blanc, les pâtes blanches, les soufflés à base de farine blanche, les quiches et les « pies » à l'anglaise.

• **LE PLAT DE RÉSISTANCE**

Il sera toujours composé d'une viande*, d'une volaille* ou d'un poisson* avec, comme accompagnement, des légumes* constitués de très bons glucides*, c'est-à-dire à index glycémique* inférieur à 15.

– Les viandes

Afin de limiter au maximum la consommation de graisses saturées*, elles sont choisies parmi les moins grasses.

Les volailles* (en dehors de la peau) sont nettement moins grasses que le bœuf*, le mouton* ou le porc*. Et que ceux qui aiment le magret de canard n'hésitent pas à lui faire honneur : il contient moins de graisses saturées que les viandes des mammifères précédemment citées et, en revanche, une quantité appréciable de graisses polyinsaturées*.

Il convient d'être méfiant à l'égard des ragoûts et autres daubes, en raison des sauces à la farine blanche qui les accompagnent encore trop souvent. Méfiance également pour les escalopes qui sont souvent panées avec une chapelure indésirable.

En revanche, un peu de béarnaise « maison » est tout à fait acceptable.

– Les poissons

Tous sans exception peuvent être choisis et même préférentiellement par rapport à la viande si le choix est possible.

Les seules réserves sont celles qui ont déjà été indiquées pour les viandes. Les poissons ne doivent être ni panés ni roulés dans la farine préalablement à leur friture, et attention aux sauces.

En fait, les poissons doivent être pochés ou grillés, avec, pour sauce, celle qui sera toujours la meilleure, à savoir un mélange de jus de citron et d'huile d'olive vierge, très riche en vitamines.

– Les accompagnements

Ce sont des légumes à bons glucides, autrement dit des légumes verts comportant une quantité importante de fibres. Il s'agit des aubergines, des blettes, des brocolis, des choux, des choux-fleurs et choux de Bruxelles, du céleri, des champignons, des courgettes, des épinards, du fenouil, des haricots verts, des navets, des poivrons, de l'oseille ou bien encore des salsifis, sans oublier les salades. En revanche, et on ne le répétera jamais assez : pas de frites, pas de purée, pas de pommes de terre sautées, pas de riz, pas de pâtes.

• **ET APRÈS : FROMAGE OU DESSERT ?**

En cette phase I, la réponse est le plus souvent fromage et, qui plus est, fromage sans pain. Une difficulté quasi insurmontable pour beaucoup de Français. Mais une astuce permet de réussir sans difficulté : il suffit de manger le fromage avec la salade. Une autre possibilité consiste, pour remplacer le socle que pouvait constituer le pain, à utiliser un morceau de fromage dur comme du Hollande pour manger un fromage mou.

Le fromage blanc, même à 0 p. 100 de matières grasses, ne doit pas être consommé en quantité importante par tous ceux qui souhaitent perdre du poids. Il y a en effet une quantité non négligeable de glucides dans le petit lait, d'où un retentissement possible sur la glycémie. Une dose équivalente à trois petits suisses ou à deux yaourts devrait donc constituer un maximum.

Quant aux desserts, seuls peuvent être autorisés en cette phase I les œufs à la neige ou les œufs au lait, édulcorés à l'aspartam*.

• **UNE AUTRE POSSIBILITÉ**

– En phase I, à la place du menu type ci-dessus, repas protido-lipidique riche en fibres (ou poisson et fromage plus crudités et légumes), on peut opter pour un plat principal à base de bons glucides à index glycémique bas : riz complet, pâtes complètes, légumineuses. On l'accompagnera alors de crudités, de légumes et de laitages à 0 p. 100 de matières grasses.

– Au cours de ce type de repas, protido-glucidique riche en fibres, qui fait sécréter plus d'insuline, on évitera par contre tout corps gras (sauf un peu d'huile pour une vinaigrette), qui pourrait alors se trouver stocké.

– Cette option est difficile à réaliser à l'extérieur de chez soi, au restaurant ou dans une cafétéria d'entreprise. Elle est facile par contre à la maison.

Elle est particulièrement recommandée en cas d'activité musculaire notable à effectuer dans l'après-midi (travail physiquement pénible, pratique d'un sport).

• **DES SOLUTIONS POUR GENS PRESSÉS**

Tous ceux qui n'ont pas le temps de déjeuner normalement savent désormais qu'il n'est pas question de supprimer le déjeuner. Ils ont néanmoins plusieurs possibilités, à savoir :

– Les fruits*

Il est possible de prendre, avec un yaourt, trois ou quatre pommes* ou bien d'alterner avec des oranges, ou encore de manger deux pommes avec 200 grammes ou 300 grammes de noix, noisettes ou amandes vendues décortiquées. En fait, tous les fruits peuvent convenir, sauf la banane* beaucoup trop riche en glucides, avec un index glycémique à 60.

– Le fromage

Un petit pot de 250 grammes de fromage blanc à 0 p. 100 avec quelques framboises, fraises ou kiwis peut constituer une autre solution. En général, la méthode a pour principe de base la consommation des fruits à jeun afin d'éviter la fermentation de leurs sucres et la perte de leurs vitamines dans un estomac déjà rempli par d'autres aliments. Les fruits recommandés plus haut ne contenant que très peu de sucre, ils n'ont que peu de risque de fermenter.

D'autres fromages peuvent remplacer le fromage blanc, à condition d'être le moins gras possible, afin de ne pas provoquer de sensation d'écœurement et d'avoir une odeur qui n'empeste pas l'atmosphère.

– Les œufs

Deux ou trois œufs durs, avec une tomate nature, peuvent également être recommandés.

• **PAIN ET BOISSONS**

Il n'y a pas de place pour le pain* au déjeuner pendant la phase I. Cette mesure concerne même le pain intégral*.

En effet, le but poursuivi durant la phase I est de stimuler le pancréas le moins possible, car la moindre sécrétion d'insuline risque de freiner la perte de poids. Quant aux boissons, le mieux est de boire de l'eau ou du thé*, ce dernier en raison de ses vertus digestives. Le vin* est déconseillé pendant cette phase à partir du moment où il y a de nombreux kilos à perdre. En l'absence de surcharge pondérale importante, il est possible de s'accorder un petit verre de vin rouge à la fin du repas, notamment avec le fromage.

Déjeuner (phase II)*

Prolongement de la phase I, elle permet une plus grande souplesse et donc des aménagements.

Ainsi le déjeuner, s'il est de caractère exceptionnel, type repas d'affaires ou de famille, peut être précédé d'un éventuel apéritif.

• **PAS N'IMPORTE QUEL APÉRITIF***

L'apéritif doit être le moins alcoolisé possible. Il faut donc privilégier les alcools naturels de fermentation et condamner les alcools de distillation, qui sont des produits raffinés. Autrement dit, il faut abandonner les alcools durs de type whisky, gin, vodka, etc.

En fait, il est préférable de boire du vin (un vin blanc sec) ou encore du champagne ou équivalent (saumur méthode champenoise, crémant).

En revanche, il faut absolument proscrire cette déplorable habitude qui consiste à ajouter à un vin blanc ou, pire encore, à un champagne, une liqueur destinée, dans la plupart des cas, à masquer sa médiocre qualité. Le kir sous toutes ses formes devrait être interdit.

Pourquoi cette interdiction ? Parce que liqueur égale sucre et que sucre plus alcool conduisent à coup sûr à l'hyperglycémie*, puis à l'hypoglycémie.

C'est pour la même raison que punchs, portos et sangrias sont à refuser.

• **PAS D'ALCOOL À JEUN**

Il ne faut jamais prendre de boisson alcoolisée à jeun,

sous peine de déclencher immanquablement une catastrophe métabolique.

Pour éviter que l'alcool ne passe directement dans le sang après métabolisation directe, il importe d'abord de fermer le sphincter qui sépare l'estomac du début de l'intestin grêle, c'est-à-dire le pylore. Pour cela, il convient d'absorber des protéines ou des lipides, dont la longue digestion dans l'estomac se fait avec un pylore fermé. Quelques cubes de fromage type gruyère, quelques rondelles de saucisson (sans additif) ou de saucisse sèche vont assurer cette fermeture et même aider à neutraliser le peu d'alcool bu en l'absorbant en partie. En outre, tapissant l'estomac, les lipides devraient contribuer à limiter l'absorption d'alcool à travers les parois gastriques.

• **LE VIN : AU MILIEU DU REPAS**

Bu en quantité raisonnable, c'est-à-dire de l'ordre d'un demi-litre par jour, le vin* est une boisson excellente car il est à la fois digestif, tonique, anallergique et bactéricide. Il contient en outre une quantité importante d'oligo-éléments.

Mais, comme pour l'apéritif, il faut toujours attendre d'avoir l'estomac bien rempli, et donc le pylore fermé, avant de commencer à boire du vin. C'est la seule solution pour éviter les accès de somnolence après le repas.

Attention, l'eau est l'ennemie du vin : si l'on boit alternativement du vin et de l'eau, cette dernière risque de diluer le vin et de le métaboliser directement à travers les parois de l'estomac, alors qu'il aurait pu être maintenu prisonnier dans le bol alimentaire et métabolisé ensuite avec lui après la digestion. Donc, entre l'eau et le vin, il faut choisir ; c'est le mélange qui, paradoxalement, va accentuer l'absorption de l'alcool.

• **PAS DE PAIN**

Le pain*, même intégral, alourdit considérablement un

repas important, surtout lorsqu'il est chargé en protéines et en lipides.

Supprimé aux deux repas principaux lors de la phase I, le pain ne doit pas être réintroduit, sauf pour d'exceptionnels écarts, à la phase II. Un repas conséquent comportant par exemple deux entrées, un plat principal, du fromage et même un dessert ne pose pas de problème de digestion et ne provoque pas de somnolence. En revanche, avec une ou deux tartines de pain, sensation de ballonnement et digestion perturbée sont garanties.

Et il faut absolument proscrire cette déplorable habitude qui consiste, sitôt passé à table, à se jeter (hypoglycémie oblige) sur le pain et éventuellement à le tartiner de beurre. Avec le verre de vin ou l'apéritif à jeun, c'est 50 p. 100 de la vitalité qui est amputée pour le reste de la journée. Le pain par contre doit être roi au petit déjeuner.

• UN ÉCART DE TEMPS EN TEMPS

En cette phase II, il est possible, de temps en temps, de se permettre un écart*, sans préjudice aucun pour les résultats généraux obtenus. Le plus souvent, cet écart sera fait pour le dessert. Ce qu'il faut éviter, c'est de multiplier les écarts au point de revenir progressivement aux anciennes habitudes.

C'est ainsi qu'au déjeuner on va pouvoir de temps à autre réintégrer, en accompagnement des viandes et poissons, des glucides à index glycémique bas tels que haricots secs, lentilles, pâtes intégrales, riz complet. Ainsi, un gigot flageolets ou un petit salé aux lentilles sont à considérer comme de petits écarts. Exceptionnellement, un grand écart correspondant à un accompagnement à index glycémique élevé, comme du riz blanc ou des pâtes blanches, est possible.

Quant aux aliments tels que les huîtres, les langoustines et le foie gras qui avaient été l'objet de quelques réserves en phase I, en particulier pour tous ceux ayant beaucoup de poids à perdre, ils ne sont plus soumis à aucune restriction. Pour les fruits enfin, il est toujours recommandé de les consommer à jeun. Une exception peut cependant être faite avec les fruits rouges pauvres en sucre comme les fraises, les framboises et les mûres qui peuvent être pris à la fin du repas, avec éventuellement de la crème fouettée allégée non sucrée.

Dénutrition

Ensemble des troubles induits par une insuffisance importante d'éléments nutritifs, la dénutrition peut être la conséquence de régimes hypocaloriques abusifs et gravement carencés en certains nutriments essentiels.

La dénutrition protéique s'observe plus volontiers chez les sujets âgés* qu'elle affaiblit, les rendant particulièrement vulnérables aux infections. Ainsi, les pneumonies sont trois fois plus fréquentes chez les sujets âgés ayant une carence protéique.

Dérives alimentaires

Beaucoup d'obèses sont tentés de voir, à l'origine de leur excès pondéral, une cause endocrinienne, une perturbation du fonctionnement de leur tissu adipeux, un trouble de sécrétion d'un neuromédiateur ou d'une enzyme.

En fait, c'est dans les dérives alimentaires apparues depuis la dernière guerre qu'il vaut mieux chercher le responsable. A elles seules, elles peuvent contribuer à déstabiliser le métabolisme habituel, aboutissant à la constitution excessive de graisses de réserve.

Ainsi l'abus de sucreries, la préférence pour les produits raffinés, l'excès de graisses, l'intempérance alcoolique et l'insuffisance de fibres suffisent largement à expliquer la survenue d'une obésité qui n'est que le résultat d'une perversion des choix alimentaires.

Dexfenfluramine

Les laboratoires ont cherché à mettre au point une molécule présentant moins de risque que les amphétamines entrant habituellement dans la constitution des coupe-faim. Ainsi est née la dexfenfluramine, commercialisée en France sous le nom d'Isoméride.

Il s'agit d'une amphétamine fluorée dont l'effet psychostimulant est supprimé et qui, selon les expérimentations chez l'animal, ne provoque pas de toxicomanie.

La dexfenfluramine agit en modifiant le métabolisme de la sérotonine, substance qui intervient dans la régulation de l'appétit. En fait, elle agit moins sur la faim que sur la sensation de satiété et elle s'est surtout révélée efficace chez les sujets ayant des compulsions glucidiques, c'est-à-dire des envies irrésistibles d'aliments sucrés.

Or les troubles du comportement alimentaire portant sur les glucides ne sont en cause que chez moins de 15 p. 100 des obèses. Il serait donc abusif d'en faire le traitement passe-partout de l'obésité. Et ce d'autant plus qu'il a été montré qu'une reprise de poids se produirait non seulement après l'arrêt du médicament, ce qui pourrait suggérer de continuer indéfiniment à le prendre, mais aussi malgré la poursuite du traitement, semble-t-il par un phénomène d'échappement. Pour des raisons de sécurité sa prescription ne doit pas dépasser trois mois.

Or toute stratégie d'amaigrissement ne peut se concevoir que dans la perspective du long terme. Elle repose avant tout sur une prise de conscience des dérives alimentaires* actuelles. Il faut refuser le spectaculaire immédiat qui ne prépare que des lendemains qui déchantent.

DHA

Cet acide gras, appelé également acide cervonique, a un rôle de structure surtout pour le tissu cérébral. Il se trouve principalement dans le poisson, mais peut également être fabriqué après transformation hépatique à partir de l'acide alpha-linolénique*. Malheureusement, cette transformation est impossible chez le nourrisson, qui ne possède pas encore les structures enzymatiques voulues, et chez les personnes âgées dont les enzymes ne fonctionnent plus très bien. D'où l'intérêt pour eux de manger du poisson.

Diabète sucré

Il se définit par l'existence dans le sang des malades, dits diabétiques, d'une glycémie* (c'est-à-dire d'un taux de glucose) trop élevée tant à jeun qu'après les repas.

On distingue deux types de diabète : le diabète gras* (dit aussi de type II) et le diabète maigre* (dit aussi de type I).

Diabète gras

Appelé encore diabète de type II, ou non insulino-dépendant, ou diabète de la maturité, il se révèle le plus souvent chez un adulte vers la quarantaine. Il s'accompagne généralement d'une surcharge pondérale.

Le pancréas de ces malades est conduit à sécréter trop d'insuline car celle-ci, de mauvaise qualité ou mal reconnue par les cellules de l'organisme, est peu efficace. Malgré cet hyperinsulinisme*, la glycémie* reste anormalement élevée.

La perte de poids est indispensable ; elle peut permettre de normaliser la glycémie. Les principes de la méthode Montignac* s'appliquent particulièrement à ce type de diabète : choix de glucides à index glycémique* bas, limitation des graisses saturées* et préférence pour les graisses poly et surtout monoinsaturées*, alimentation riche en fibres* notamment solubles, prise d'aliments à teneur élevée en micronutriments (chrome, vitamine B1*) qui améliorent le métabolisme des glucides et apport notable en eau puisque de 1,5 litre par jour au minimum.

En outre, tout diabète favorise la survenue de lésions cardiovasculaires (atteintes oculaires, rénales et coronariennes) qu'il importe d'éviter à tout prix. Les mêmes conseils diététiques que ceux destinés aux patients souffrant de maladies cardiovasculaires* sont donc à adopter, la méthode Montignac ayant un bon effet préventif dans ce domaine.

Diabète maigre

Appelé encore diabète de type I ou diabète juvénile, il apparaît plus souvent chez l'enfant ou l'adolescent. Il est également appelé diabète insulino-dépendant ou insulino-nécessitant parce que le traitement nécessite des injections d'insuline*. Un excès de poids est possible chez ces diabétiques, en particulier si une alimentation trop négligée les oblige à avoir de fortes doses d'insuline, cette hormone favorisant le stockage des graisses et donc la prise de poids.

Ces diabétiques ont chaque jour une certaine quantité de glucides à gérer. Celle-ci doit être répartie le plus souvent sur au moins trois repas. Puisque chacun des repas doit contenir des glucides, il vaut mieux associer poisson ou volaille avec un aliment complet ou une légumineuse, plutôt qu'une viande avec un aliment raffiné comme le riz blanc, ou d'index glycémique* trop élevé comme les pommes de terre.

La méthode Montignac* recommandant les aliments riches en fibres* solubles, il est ainsi possible de diminuer rapidement les doses d'insuline et d'éviter toute hypoglycémie.

En raison de la menace cardiovasculaire, avec des atteintes oculaires, coronariennes, rénales, qui pèse sur tout diabétique, il faut adopter les mêmes conseils diététiques que ceux destinés aux personnes souffrant de maladies cardiovasculaires*. La méthode Montignac* a incontestablement un bon effet préventif pour ces affections.

Diète protéique

Il s'agit d'une des multiples méthodes aberrantes proposées pour faire maigrir. La diète protéique consiste à substituer pendant 20 à 30 jours à l'alimentation normale

55 à 75 grammes de protéines présentées en poudre à diluer ou en liquide tout préparé.

Ces protéines apportent environ 500 calories par jour. Il leur est associé un complément vitaminique et minéral, ainsi qu'une prise de boisson abondante, d'au moins deux litres par jour.

Théoriquement, cet apport protéique devrait éviter la fonte musculaire. En pratique, il n'en est rien et, au début de la cure, environ un quart de la perte de poids porte sur la masse maigre.

De plus, les effets secondaires sont nombreux. Parmi eux, l'augmentation du taux d'acide urique qui survient dans 10 à 20 p. 100 des cas et qui dure environ trois semaines. Une hypotension artérielle s'observe chez 8 à 10 p. 100 des patients à la suite de la perte de sel et d'eau, elle-même liée à l'absence de glucides.

D'ailleurs, lors de l'arrêt de la diète, il est impératif de réintroduire très progressivement les glucides car l'absorption rapide d'une quantité trop importante entraîne des œdèmes par rétention brutale d'eau.

Il y a encore d'autres effets secondaires : constipation, chute de cheveux, fatigue, ongles cassants, etc.

Tout cela ne serait rien s'il n'y avait pas eu aussi aux USA dix-sept décès dus à ces régimes à très basse teneur en calories, recensés par la Food and Drug Administration.

De toute façon, cette prétendue approche de l'amaigrissement crée une parenthèse artificielle de quatre semaines dans la « vie alimentaire » du sujet qui passe à côté du vrai problème. Elle n'a aucun sens dans le cadre d'un projet à long terme qui implique de modifier définitivement les habitudes alimentaires dans le cadre d'une alimentation normale.

Diététique traditionnelle

Restrictive puisque hypocalorique, la diététique traditionnelle de l'obésité repose sur un principe complètement erroné : pour maigrir, il suffit de manger moins. L'expérience démontre quotidiennement que les régimes hypocaloriques* se soldent toujours à long terme par des échecs.

La diététique traditionnelle échoue parce qu'elle ignore délibérément les phénomènes d'adaptation et de régulation du corps humain et parce qu'elle nie les particularités propres à chaque individu.

Dîner

Le dîner doit être le repas le plus léger de la journée. Il doit être également le plus éloigné possible de l'heure du coucher.

Pour la majorité des Français actuellement, c'est le contraire qui se produit, le dîner étant souvent l'occasion de véritables festins pris chez soi ou encore à l'extérieur dans le cadre de relations sociales, amicales ou professionnelles.

La première mesure consiste donc en un rééquilibrage des repas et donc du dîner. A partir du moment où le petit déjeuner* est devenu plus copieux, où le déjeuner* n'est plus supprimé, le dîner n'a plus de raison d'être pantagruélique.

La méthode Montignac* se déroule en deux phases et, bien entendu, cette division s'applique au dîner.

Dîner (phase I)*

Pour ce qui concerne la composition du dîner, les mêmes principes que ceux indiqués pour le déjeuner* sont à appliquer, en limitant particulièrement les graisses et les quantités.

En fait, il va être intéressant de faire des dîners centrés sur les glucides (mais contenant fibres et protéines végétales), c'est-à-dire constitués de glucides à index glycémique* bas ou très bas.

Il est possible par exemple de commencer par des crudités ou un potage de légumes avec poireaux, céleris, navets, choux, mais sans pommes de terre ni carottes, ou bien encore par un velouté de champignons ou de tomates, naturellement sans graisses. Mais le plat principal peut être aussi à base de légumineuses comme les lentilles, les haricots ou les pois, accompagnés d'oignons ou d'un coulis de tomates ou de champignons. Seule règle à respecter en phase I : pas de graisse ni pour la cuisson ni pour l'accompagnement.

Il est possible également de prendre au dîner un plat de pâtes intégrales ou complètes, de riz complet, ou encore de semoule intégrale, agrémentés de sauces ou de coulis sans graisses. Ces aliments ont l'intérêt de contenir des protéines végétales, des fibres, des vitamines du groupe B et de nombreux sels minéraux.

Le dessert est composé de fromage blanc ou de yaourt à 0 p. 100 de matière grasse, aromatisés éventuellement de marmelades sans sucre ou encore de fruits cuits.

Les boissons conseillées sont l'eau, le thé léger ou encore les tisanes.

Enfin, un dîner léger peut être réalisé avec des fruits et/ou des céréales ou associés à un laitage à 0 p. 100 de matière grasse.

Dîner (phase II)*

Venant après la phase I, période de perte de poids et de renouveau de vitalité, la phase II*, à poursuivre indéfiniment, permet une plus grande souplesse.

Des écarts* sont possibles ; l'essentiel est de les gérer convenablement. Ainsi, si certains écarts sont faits au déjeuner*, il n'est pas souhaitable de les renouveler systématiquement le même jour au dîner.

Trop d'écarts dans une même journée risqueraient de provoquer le retour, dans les vingt-quatre heures suivantes, des fatigues, coups de pompe et autres somnolences, sans oublier la prise de poids.

Enfin, l'écart ne doit être accepté que s'il apporte un

réel plaisir. Il doit toujours être une concession au goût, à la qualité ou encore à la gastronomie.

Dissociation glucides-lipides

Consistant à éviter d'associer au même repas la consommation de glucides (principalement à index glycémiques élevés) et celle des lipides afin de mieux réduire un excès pondéral, son principe repose sur la notion fondamentale suivante : si un individu a tendance à l'embonpoint et, à plus forte raison, à l'obésité, il a un dysfonctionnement pancréatique. En effet, en cas de forte hyperglycémie, son pancréas va sécréter une dose excessive d'insuline* ; il y a hyperinsulinisme*. Or l'insuline a pour action non seulement de faire baisser la glycémie, mais encore de permettre le stockage des acides gras. C'est l'hyperinsulinisme qui est responsable de la constitution anormale des graisses de réserve.

Dans l'obésité (surtout androïde), l'hyperinsulinisme est constant et notable, même pour une faible prise de glucides, car le pancréas est hyperactif. Il est donc préférable, en cas de surcharge pondérale, lorsque l'on consomme des glucides à un repas, d'éviter la présence de lipides, qui pourraient se faire piéger et être stockés en graisses de réserve.

Ce conseil est fondé sur les travaux d'Hashimoto (Japon) qui a montré que la dissociation glucides-lipides diminuait la quantité d'insuline sécrétée, abaissait le taux de l'enzyme stockant les graisses alimentaires ingérées (lipo-protéine lipase) et donnait finalement une masse graisseuse moindre, ce qui reste le but à atteindre.

Cette dissociation glucides-lipides en phase I reste néanmoins optionnelle : le bon choix des glucides, des lipides et une alimentation riche en fibres restent les objectifs prioritaires de la méthode Montignac*. Mais adopter cette dissociation, par exemple au moins pendant les trois premiers mois de la phase I, permet d'enclencher plus sûrement l'amaigrissement et de le rendre plus performant.

Cette dissociation n'est qu'un « outil technique », garant d'un résultat meilleur et plus rapide.

Voilà pourquoi il peut être intéressant de dissocier les aliments glucidiques, surtout à index glycémique élevé, des aliments lipidiques.

Diurétiques

L'amaigrissement consiste à perdre une certaine masse graisseuse. Les diurétiques, qui augmentent seulement l'élimination d'urine, ne font perdre que de l'eau. Ils ne peuvent donc être considérés comme un moyen de maigrir.

En outre, l'eau entraîne avec elle des sels minéraux tels que sodium et potassium, d'où un risque d'effets secondaires désagréables, voire dangereux : sécheresse de la peau, fatigue, crampes musculaires, vertiges, troubles cardiovasculaires, hypotension artérielle, syncopes.

Enfin, à l'arrêt du traitement, l'organisme tente de récupérer au plus vite l'eau et le sel perdus d'où le risque d'œdèmes pouvant devenir rebelles.

Attention également à certaines prescriptions phytothérapiques recommandant l'usage de « draineurs » qui, sous un air faussement naturel, contiennent des plantes aux effets diurétiques plus ou moins marqués. Elles ont pour nom piloselle, prêle, fenouil, betulle, bardane, reine-des-prés (ou ulmaire), artichaut, pissenlit, frêne, ortosiphon, ou encore queues de cerise. Si leurs effets diurétiques sont doux, réduisant le risque de fuites de potassium, elles ne font disparaître que de l'eau, pas la graisse.

Quant à l'eau minérale, sa présentation comme une aide à la minceur ne répond qu'à des arguments de marketing. Il faut boire suffisamment, car cela permet d'éliminer les déchets du métabolisme protéique (urée, acide urique) ; mais cela ne fait pas partir la graisse.

Eau (dans l'organisme)

La masse liquide du corps représente 45 à 60 p. 100 du poids d'un individu adulte en bonne santé.

L'homme peut survivre des semaines sans nourriture mais seulement quelques jours sans eau. Il peut perdre ses réserves de glycogène, de graisses et la moitié de ses protéines sans courir de réel danger. Mais une déshydratation de seulement 10 p. 100 est très dangereuse ; au-delà de 20 p. 100, elle est fatale. La quantité d'eau éliminée par l'organisme par l'urine, la respiration, la transpiration et les matières fécales est de l'ordre de deux litres à deux litres et demi par jour. Il faut absolument la remplacer.

Ce remplacement se fait par les boissons qui doivent apporter 1,5 litre par jour, ainsi que par l'eau contenue dans les aliments solides (par exemple, taux d'humidité du pain : 35 p. 100), l'eau métabolique, c'est-à-dire l'eau produite par les différents processus chimiques de l'organisme.

Quand les boissons sont suffisantes, les urines sont claires comme de l'eau ; le fait qu'elles soient jaunes témoigne d'une déshydratation.

Écarts

La possibilité de faire quelques écarts est, en quelque sorte, la caractéristique, l'attrait de la phase II* de la méthode Montignac*. Mais attention, il ne s'agit pas de faire n'importe quoi n'importe comment. Gérer son alimentation, c'est notamment gérer ses écarts. Autrement dit, en début de phase II, malgré le maintien de quelques grands principes de la phase I, malgré l'application rigoureuse des principes de la méthode, il est possible de temps en temps de se permettre un écart, sans préjudice aucun pour les résultats généraux obtenus. Ce qu'il faut éviter, c'est la multiplication des écarts et le retour aux anciennes mauvaises habitudes alimentaires.

Il y a deux sortes d'écarts : les petits et les grands.

Les petits écarts sont les suivants : un verre de vin ou

de champagne à l'apéritif* mais surtout pas à jeun ; deux verres de vin au cours du repas ; un dessert au fructose (mousse ou fruit) ou un dessert au chocolat ; un plat de bons glucides* avec une graisse végétale comme, par exemple, une assiette de lentilles avec un filet d'huile d'olive ou un plat de haricots secs avec une viande maigre ; un toast intégral avec du foie gras ou du saumon ; une tranche de pain intégral avec du fromage.

Les grands écarts sont les suivants : un verre d'apéritif plus trois verres de vin au même repas ; une entrée comportant un mauvais glucide* du genre quiche, feuilleté, soufflé ; un plat principal avec un mauvais glucide tel que riz blanc, pâtes blanches ou pommes de terre ; un dessert comportant un mauvais glucide (sucre, farine blanche).

La gestion de ces écarts, petits et grands, doit obéir aux règles suivantes, au début de la phase II :

– Ne jamais faire plus de deux petits écarts au cours du même repas ;
– Ne jamais faire plus d'un repas à petit écart par jour ;
– Ne jamais faire plus d'un repas sur trois comportant un grand écart et un repas sur quatre avec un grand écart et deux petits écarts.

En effet, les petits écarts sont relativement bien absorbés par l'organisme ; les grands écarts peuvent l'être à condition d'être épisodiques ; les écarts trop nombreux ne le seront pas.

Cette mauvaise gestion des écarts alimentaires sera vite perçue, non seulement par une éventuelle prise de poids, mais surtout par une diminution de la forme, de l'endurance, de la vitalité.

Et les mesures de correction seront prises automatiquement, d'instinct pourrait-on dire.

Au bout de quelques mois de phase II, les écarts peuvent être plus importants, la marge de manœuvre sera plus grande. On pourra pratiquement manger de tout, à condition de toujours bien gérer la nature, la fréquence et l'importance de ses écarts.

Éducation nutritionnelle

Elle est indispensable à acquérir si l'on veut obtenir des résultats durables. C'est parce qu'elle repose sur une éducation nutritionnelle que la méthode Montignac* va permettre de maigrir définitivement. Elle n'a rien à voir avec un régime* au sens où on l'entend habituellement. Un régime, mode alimentaire marginal, exclusif et surtout restrictif, n'est jamais explicatif. Autrement dit, on n'indique jamais ni le pourquoi ni le comment des choses. On vous demande seulement de vous limiter bêtement aux menus qu'on vous propose.

La méthode Montignac, éducative, est en fait une véritable découverte.

Découverte de soi d'abord, c'est-à-dire du fonctionnement de son organisme. Il est en effet indispensable, pour obtenir des résultats définitifs, de savoir comment opère la machine humaine, tout particulièrement dans ses fonctions métaboliques (assimilation des aliments) et digestives.

Découverte aussi des aliments, de leurs caractéristiques, de leurs effets directs et indirects sur l'organisme.

Ce n'est qu'après avoir franchi cette phase d'instruction, d'éducation nutritionnelle, qu'il est possible de mettre définitivement à profit les règles simples de la méthode et de pérenniser ses résultats en maintenant son poids stable au long cours.

Édulcorants

Substances donnant une saveur douce, les édulcorants sont destinés à remplacer le sucre. Pour un peu plus d'un Français sur deux, dans un sondage réalisé en novembre 1989 par l'Institut Louis-Harris, un édulcorant est un sucre sans sucre, un sucre de substitution, un sucre sans calorie.

En fait, il existe deux types d'édulcorants.

Il y a, d'une part, les polyols* comme le sorbitol qui sont des sucres alcools, apportant de 2 à 3,58 calories par gramme, ce qui est proche des 4 calories du saccharose*.

Ils ont cependant un index glycémique* moindre que ce dernier et ne donnent que peu ou pas de caries.

Il y a, d'autre part, les édulcorants intenses* comme l'aspartam*, qui n'apportent aucune énergie.

En fait, l'essentiel est de se déshabituer progressivement du goût sucré, en prenant l'habitude de moins sucrer. Les édulcorants ne doivent être utilisés (si nécessaire) qu'avec parcimonie, pour traverser cette phase de transition, de désaccoutumance à l'égard du goût sucré.

Édulcorants intenses

Ce sont des produits de synthèse donnant une saveur douce et destinés à remplacer le sucre. Ils n'apportent aucune énergie.

Dans cette catégorie se trouvent l'acésulfam de potassium*, la saccharine*, l'aspartam*.

Bien qu'ils n'apportent ni sucre ni calories, il n'est pas certain que la consommation de ces édulcorants soit dépourvue d'inconvénients. Ainsi, lorsqu'une prise d'édulcorants a lieu au cours de la journée, il a été montré que toute consommation de vrais glucides à un autre moment de ces vingt-quatre heures entraîne une hyperglycémie anormale suivie d'une hypoglycémie réactionnelle.

On peut penser que l'organisme, en quelque sorte frustré par l'ingestion d'édulcorants, se rattrape par une meilleure utilisation digestive des glucides. Il en résulte une hyperglycémie plus importante que celle habituellement constatée avec le glucide considéré. Cette hyperglycémie provoque un hyperinsulinisme* qui induit secondairement une hypoglycémie.

L'hyperinsulinisme étant un facteur de stockage graisseux et l'hypoglycémie provoquant un retour précoce de la sensation de faim, on peut se demander si la consommation d'édulcorant ne favorise pas parfois indirectement la prise de poids.

En fait, ce qu'il faut, c'est refréner le goût du sucré alors que les édulcorants risquent de l'entretenir. Leur utilisation ne peut être conçue que de façon transitoire, intégrée dans une éducation nutritionnelle* globale.

Embonpoint

Désignant le fait d'être bien en chair, et même un peu gras, l'embonpoint reconnaît le même mécanisme initiateur que sa variété majeure, l'obésité*.

Pour qu'il y ait déclenchement de la prise de poids, il faut que deux facteurs soient réunis : une alimentation hyperglycémiante générant un hyperinsulinisme* d'une part, et une alimentation riche en graisses d'autre part.

Si l'embonpoint s'est rapidement généralisé et si l'obésité s'est soudain révélée dans les pays occidentaux après la Seconde Guerre mondiale, c'est que, à une alimentation déjà hyperglycémiante riche en mauvais glucides (sucres, farines raffinées, riz blanc, pommes de terre) s'est ajoutée brutalement une plus forte consommation de viande, donc de graisses. L'obèse a d'ailleurs un net attrait pour les aliments gras moins sucrés et pour les féculents avec graisses.

En-cas

L'habitude de grignoter quelque chose en fin de matinée a souvent pour but de lutter contre une hypoglycémie. Normalement, la prise d'un petit déjeuner* moins hyperglycémiant doit permettre de voir disparaître rapidement ce besoin de combler ce petit creux de onze heures.

Si, néanmoins, cette habitude est maintenue, par exemple en raison d'une pause dans le milieu de travail, ce peut être l'occasion de manger un fruit (tel qu'une pomme*) ou un yaourt*.

Il est également à la rigueur possible de prendre un petit morceau de fromage* ou bien un œuf* dur.

Endorphines

L'organisme est capable de sécréter ses propres substances à effet morphinique : on les appelle les endorphines. Parmi elles, des bêta-endorphines sont sécrétées après un stress*. En diminuant les taux de dopamine et de sérotonine, elles ouvrent l'appétit, donnent une envie de sucre et augmentent la sécrétion d'insuline*, laquelle favorise la lipogénèse*, c'est-à-dire le stockage des graisses.

Enfant

Certains pensent que l'obésité de l'enfant se programme dès la vie intra-utérine. Si la mère a une alimentation comprenant un excès de mauvais glucides, il se produira des épisodes d'hypoglycémie par hyperinsulinisme. Ainsi, le fœtus, déjà soumis à une ambiance d'hyperinsulinisme, risque d'être plus volontiers obèse ensuite.

Quoi qu'il en soit, il importe d'être vigilant dès les premières heures de la vie. Le seul aliment qui convient au nouveau-né est le lait maternel. Les laits maternisés n'auront jamais sa composition idéale, adaptée au nourrisson, et ils seront toujours dépourvus des anticorps qui protègent naturellement l'enfant des infections.

L'apparition du biberon est un des premiers signes de la dérive alimentaire. Que le nourrisson soit un peu trop bruyant ou qu'il ne fasse pas toute sa nuit, et l'on ajoute une farine premier âge dans son biberon. C'est ainsi que commence la suralimentation que les mères bien intentionnées font subir à leur bébé pour lui donner un aspect replet, faussement rassurant.

Le sevrage trop rapide et, notamment, l'excès de protéines, la diversification alimentaire trop précoce avant six mois sont en fait bien souvent les causes des obésités de l'enfant. Sans oublier l'encouragement systématique, dès le plus jeune âge, pour le goût du sucré : biscuits à mâchonner lors des poussées dentaires, laits et petits pots trop sucrés, glaces l'été, bonbons et sucettes à titre de récompense.

Beaucoup de parents dont l'enfant a un excès de poids souhaitent l'attribuer à un dérèglement des glandes endocrines. En fait, les maladies endocriniennes comportant une obésité sont d'une part très rares, d'autre part marquées par des signes évocateurs, dont un fréquent retard de croissance, qui attirent d'emblée l'attention du médecin.

Les origines de l'excès de poids d'un enfant se trouvent ailleurs que dans les glandes endocrines. Elles sont révélées par l'interrogatoire alimentaire : excès de sucres simples, abus de certains féculents et de graisses saturées. En fait, il s'agit quasi constamment d'une association de deux excès : des lipides et des aliments à index glycémique élevé. En revanche, il y a toujours un manque de fibres.

Quand l'enfant grandit, les erreurs ne diminuent pas, au contraire. Le petit déjeuner est insuffisant ou absent. Le grignotage en dehors des repas est permanent. Le goûter est le plus souvent composé de sucreries ou de viennoiseries, accompagnées de sodas ou de colas.

En fait, les goûters bâclés sont souvent remplacés par un grignotage débridé devant la télévision. Il est statistiquement prouvé que plus les enfants regardent le petit écran, plus ils consomment d'aliments riches en graisses et en sucres (barres chocolatées, chips, croissants) et plus ils risquent de devenir obèses. Donc, pour éviter l'obésité infantile, il faut observer une prévention active. Quand le surpoids apparaît, il ne faut pas attendre ; il faut commencer à prendre des mesures le plus tôt possible. La puberté ne réduira pas l'excès pondéral, au contraire.

La méthode Montignac* est valable pour l'enfant, à quelques nuances près. Il faut traquer de façon très stricte tous les sucres simples, sauf les fruits, les jus de fruits et les laitages, choisir de préférence du lait demi-écrémé et du fromage blanc à 20 p. 100 de matières grasses car l'enfant a besoin de lipides pour sa croissance. L'eau, le lait ou les jus de fruits frais sont les seules boissons autorisées.

Enfin, l'enfant devra reprendre le chemin du stade ou de la piscine pour se réconcilier avec son propre corps.

Estrogènes

Hormones féminines* par excellence, les estrogènes sont capables de procurer à la femme bien des soucis.

C'est le cas des estrogènes sécrétés naturellement et qui agissent sur les cellules graisseuses en favorisant l'augmentation de leur nombre et de leur taille. Un excès de sécrétion ou une hypersensibilité constituent ainsi le point de départ de la cellulite*.

C'est le cas des estrogènes prescrits pour des raisons médicales, soit isolément, soit associés à des progestatifs. Ils semblent d'ailleurs plus nocifs pour le poids que la progestérone.

A la ménopause*, la situation est encore plus complexe. En effet, il a été démontré que la baisse des estrogènes et, à fortiori, leur disparition, avait pour conséquence de diminuer la tolérance au glucose et de réduire la sensibilité à l'insuline, ce qui favoriserait l'apparition d'une insulinorésistance avec augmentation du taux d'insuline.

Ainsi, des femmes ménopausées sans traitement estrogénique risquent fort de prendre, si elles sont déjà en excès pondéral, quelques kilos supplémentaires. Plus les femmes sont grosses au moment de la ménopause, plus elles risquent de grossir et inversement. Mais l'expérience a montré que l'application des principes de la méthode Montignac*, notamment en suivant une phase I* très stricte, est le meilleur moyen d'éviter cette prise de poids supplémentaire.

Le traitement hormonal ne résout pas complètement le problème. En fait, là encore, il faut tenir compte de l'existence et de l'importance d'une surcharge pondérale antérieure selon le principe que, toujours en raison de l'hyperinsulinisme*, plus la femme est grosse, plus elle risque de grossir. En cas de traitement hormonal de la ménopause, à partir du moment où celui-ci est bien adapté, il convient d'être vigilant à l'égard d'un possible hyperinsulinisme en suivant les principes de la méthode Montignac.

Étiquetage nutritionnel

L'étiquetage fournit théoriquement au consommateur des informations sur la composition et la valeur nutritionnelle d'un produit. Il est donc très utile.

Cependant, il convient d'être très attentif dans sa lecture et son interprétation. Une étiquette peut en fait être trompeuse. Par exemple, pour un produit allégé*, l'attention doit porter sur ce qui reste et non sur ce qui a été ôté. Ainsi, un pot de rillettes pour lequel il est mentionné un allègement de 20 p. 100 de ses matières grasses garde quand même 40 p. 100 de lipides saturés, au lieu des 50 p. 100 habituels.

Exercice physique

La pratique d'un sport* sans modification des mauvaises habitudes alimentaires n'a guère d'effet sur le poids. Néanmoins, la pratique d'une activité physique est loin d'être inutile chez l'obèse. Quelques mesures simples ont d'incontestables aspects positifs chez les adeptes de la sédentarité absolue.

Ainsi, n'hésitez pas à monter ou à descendre les escaliers à pied plutôt que de recourir aux ascenseurs, à marcher le plus possible en renonçant à la voiture pour des trajets de quelques centaines de mètres. Pendant les vacances, essayez de vous motiver pour reprendre une activité physique plus soutenue et poursuivez-la à votre retour. Ce qui vous semblait un pensum insupportable au départ deviendra peu à peu, au fur et à mesure de l'amélioration des performances, une source de bien-être. Pour obtenir des résultats probants, il faut pratiquer un sport d'endurance (vélo, jogging, natation), au minimum trois fois par semaine, en maintenant un exercice soutenu pendant une durée minimale de quarante minutes. Une interruption de trois jours annulerait tous les efforts obtenus précédemment. En outre, en restaurant le métabolisme, en améliorant la tolérance au glucose, l'exercice physique sera la meilleure garantie d'un maintien du poids dans la phase II* de stabilisation.

Extraits thyroïdiens

L'insuffisance thyroïdienne n'est qu'exceptionnellement en cause dans les prises de poids. Prescrire des extraits thyroïdiens à un sujet dont la thyroïde fonctionne normalement est non seulement inutile, mais encore dangereux.

Les hormones thyroïdiennes font beaucoup plus fondre les muscles que la graisse. Elles ne peuvent donc, de ce fait, faire maigrir un obèse.

De plus, prises sans nécessité, c'est-à-dire en dehors d'une insuffisance thyroïdienne démontrée, elles induisent de nombreux effets secondaires : troubles du rythme cardiaque, tachycardie, palpitations, tremblements, états d'excitation, insomnies, angoisses, sans oublier la possibilité d'une décompensation brutale, d'une insuffisance coronarienne (angine de poitrine) préexistante et éventuellement méconnue.

Il faut être particulièrement vigilant à l'égard de préparations magistrales pseudo-homéopatiques qui contiennent souvent des hormones thyroïdiennes cachées derrière des noms chimiques compliqués ou des abréviations sibyllines. De même, des préparations phytothérapiques contiennent des algues laminaires ou du fucus qui agissent sur la thyroïde par l'intermédiaire de l'iode qu'ils contiennent.

Fast food

La restauration rapide ou fast food est d'abord une menace pour la santé : en quelques mots, un mélange de mauvais glucides, de graisses saturées et de polluants alimentaires, sans fibres ni suffisamment de sels minéraux ou de vitamines. C'est ensuite une menace pour l'art de vivre, les traditions culinaires et gastronomiques de notre pays. Un des principes de la méthode Montignac* est de savoir concilier diététique et gastronomie, de savoir donner aux repas une présentation soignée avec une ambiance, un environnement, un contexte de convivialité.

Fatigue

Qu'elle soit chronique ou passagère, elle peut être une des manifestations principales des hypoglycémies* consécutives à une mauvaise alimentation. Le fameux coup de pompe » qui survient après les repas et que les médecins appellent somnolence postprandiale, est la traduction la plus évidente de ces hypoglycémies. Elle est la conséquence directe de la manière déplorable avec laquelle le repas a été organisé. A cet égard, le sandwich-bière en est certainement l'illustration la plus aberrante.

Ce n'est pas forcément le vin qui est responsable de la somnolence, mais la manière dont il est bu, c'est-à-dire à jeun pour une bonne partie. En outre, l'alcool potentialise les sucres, de sorte qu'absorbé avec des aliments hyperglycémiants tels que pain blanc, pommes de terre, pâtes ou pizza, il génère plus rapidement une hypoglycémie. Il n'y a rien de tel pour couper les jambes qu'un kir, une bière ou un whisky cola, surtout pris à jeun.

Les carences en vitamines, oligo-éléments et sels minéraux, autres conséquences de mauvaises habitudes alimentaires, se manifestent également par de la fatigue. Bien sûr, une alimentation déséquilibrée ne saurait expliquer tous les états de fatigue, lesquels peuvent être dus à une maladie sévère ou à une dépression nerveuse masquée par exemple. Mais des enquêtes ont montré qu'elle était en cause chez 10 p. 100 des sujets consultant pour fatigue.

Or rares sont les médecins qui donnent des conseils alimentaires à ceux qui se plaignent de fatigue, préférant prescrire psychothérapie, arrêt de travail et fortifiants, toutes mesures qui méconnaissent l'origine du problème et sa véritable solution.

Féculents

Ce sont des aliments riches en fécule, un amidon* extrait des pommes de terre*, ainsi que d'autres tubercules végétaux comme le manioc. Beaucoup sont à ranger dans les mauvais glucides*.

Femme

La méthode Montignac* a la même efficacité chez la femme que chez l'homme. Il importe seulement de prendre connaissance de certains éléments particuliers liés à la physiologie féminine.

Ainsi, la masse graisseuse de l'organisme féminin est une fois et demie supérieure à celle existant chez l'homme. C'est en fait le nombre de cellules graisseuses* ou adipocytes* qui est supérieur. Or l'obésité chez la femme se traduit non seulement par une augmentation du volume de chaque cellule graisseuse, mais encore par une multiplication de leur nombre. On peut faire diminuer de volume une cellule graisseuse ; il est impossible en revanche d'en réduire le nombre après qu'il a été augmenté.

C'est surtout à l'occasion de périodes de restriction alimentaire de type régime hypocalorique* que l'organisme féminin va fabriquer de nouvelles cellules graisseuses. Les femmes qui abordent la méthode Montignac ont généralement « un passé hypocalorique très chargé », avec, parfois, plusieurs dizaines d'années de régime derrière elles.

L'organisme féminin est aussi d'une plus grande complexité que son homologue masculin. Les implications hormonales sont nettement plus marquées, susceptibles de favoriser la prise de poids ou, tout au moins, de ralentir l'amaigrissement. (Voir notamment : *Cycle menstruel, Estrogènes, Hormones féminines, Grossesse, Ménopause.*)

En outre, la femme est une plus grande consommatrice de médicaments. Certains d'entre eux ont des effets pervers sur le métabolisme, pouvant constituer ainsi indirectement un frein à l'amaigrissement.

Femme enceinte

Voir *Grossesse.*

Fer

Les carences en fer favorisent l'anémie (le fer est un élément constitutif essentiel de l'hémoglobine des globules rouges). Elles engendrent également fatigue, baisse des performances physiques et intellectuelles ainsi qu'une moindre résistance aux infections.

Elles peuvent même constituer un frein sérieux à l'amaigrissement car le fer favorise la formation naturelle de la L. Cartitine*, une enzyme qui permet l'utilisation prioritaire des acides gras libres.

Il faut distinguer deux types d'apport en fer.

Il y a, d'une part, le fer héminique, qui provient des viandes, et plus particulièrement du foie de porc, de bœuf ou d'agneau, du boudin noir (25 milligrammes pour 100 grammes) ainsi que des coquillages, du jaune d'œuf et des poissons. Il est absorbé à 25 p. 100.

Il y a, d'autre part, le fer non héminique, qui se trouve dans les végétaux (cacao, fèves, haricots blancs, lentilles, fruits oléagineux, fruits secs, épinards, pain intégral) et qui n'est absorbé qu'à 5 p. 100. De ce fait, il est difficile pour les végétariennes d'avoir un apport alimentaire correct en fer.

Il convient encore de signaler qu'une alimentation riche en tanins (des vins rouges comme le Médoc contiennent du fer assimilable, thé) peut quelque peu limiter l'absorption du fer ingéré.

Les déficits en fer sont fréquents à plusieurs périodes de l'existence (petite enfance, grossesse...). Il s'agit d'une des carences les plus sérieuses chez l'adolescente*, en raison des dérives alimentaires souvent constatées à cet âge. Or la ration de fer nécessaire quotidiennement à une jeune fille est de 18 milligrammes. Ceux-ci ne peuvent être apportés par les crêpes, pizzas, glaces, frites, tartes salées, viennoiseries, pâtisseries, purées de pommes de terre, pâtes blanches, carottes, jambon blanc, yaourts aux fruits et jus de fruits sucrés du commerce, qui constituent les aliments privilégiés par ces jeunes filles.

Or l'adolescence est un moment où les besoins en fer sont accrus par la croissance des tissus et par l'augmentation du nombre de globules rouges. De plus, les règles entraînent une déperdition de fer d'autant plus importante que l'hémorragie est abondante et prolongée.

Fibres alimentaires

Substances d'origine végétale, composées de glucides complexes mais qui ne sont pas digérées par les enzymes de l'appareil digestif, les fibres alimentaires ont une place capitale dans l'alimentation. Elles n'apportent pas d'énergie ; néanmoins, elles jouent un rôle essentiel dans la digestion, dans le métabolisme des glucides et des lipides, dans la prévention de nombreuses maladies.

Certaines fibres sont insolubles dans l'eau : il s'agit de la cellulose*, de la plupart des hémi-celluloses* et de la lignine.

D'autres sont solubles comme la pectine*, les gommes* (guar, caroube, karaya), les alginates* d'algues (agar, carragahen), quelques hémi-celluloses (avoine, orge).

Les fibres sont contenues principalement dans les légumes verts, les légumineuses, les fruits et les céréales à l'état brut. Ces aliments permettent d'obtenir une ration suffisante de fibres qui doit atteindre 30 à 40 grammes par jour, dont 70 p. 100 apportées par les céréales (céréales du petit déjeuner, pain complet ou intégral, riz complet, pâtes complètes ou intégrales).

L'apport quotidien en fibres ne nécessite donc pas de faire ses courses dans les pharmacies ou dans les boutiques de diététique. D'ailleurs, les fibres isolées chimiquement sont moins actives et leur autoprescription anarchique peut aboutir à un excès de consommation qui pourrait être néfaste.

Quelle que soit la forme d'ingestion des fibres, il est impératif d'absorber en même temps une quantité d'eau importante, d'un litre et demi à deux par jour, afin que les fibres aient suffisamment de liquide à capter et qu'elles puissent avoir le maximum d'efficacité.

Les fibres alimentaires augmentent le volume et l'hydratation des selles ; ainsi, elles régularisent le transit colique et améliorent une constipation éventuelle. Elles stimulent les sécrétions salivaires et gastriques. Elles assurent une réplétion gastrique favorisant la satiété. Elles favorisent la sécrétion des sels biliaires qui digèrent les graisses.

Elles sont, dans de nombreux cas, les vecteurs de sels minéraux et de vitamines. En outre, de nombreuses études tendent à montrer que les fibres pourraient contribuer, conjointement avec une réduction de la consommation de graisses saturées, à la prévention des cancers recto-coliques.

Surtout, les fibres essentiellement solubles (pectine, gommes...) interviennent sur le métabolisme glucidique car elles ralentissent la vidange gastrique et elles modulent l'absorption dans l'intestin grêle. Ainsi, le pic glycémique est moindre, l'index glycémique* baisse et la sécrétion d'insuline est plus faible. D'ailleurs la différence entre les « bons » glucides à index glycémique bas et les « mauvais » glucides à index glycémique élevé tient essentiellement soit à la nature, soit à la quantité de fibres (et de protéines). Plus un aliment est chargé en fibres, moins il est hyperglycémiant, ce qui est le cas du pain intégral.

L'effet bénéfique des fibres solubles sur les troubles du métabolisme des lipides est incontestable. Elles accentuent l'élimination des sels biliaires, fabriqués à l'origine à partir du cholestérol. La majoration de leur élimination dans les selles entraîne alors une élimination de cholestérol plus importante par l'organisme et donc une diminution de sa concentration dans le sérum. De plus, elles donnent naissance à des acides gras volatils du fait de leur fermentation dans le côlon, ce qui diminue la synthèse endogène du cholestérol.

Des études épidémiologiques menées aux Pays-Bas ont montré que le taux de mortalité par maladies cardiovasculaires était quatre fois moindre chez les individus ingérant en moyenne plus de 37 grammes de fibres par jour que chez ceux en consommant moins de 20 grammes.

Une alimentation comportant 15 p. 100 de protides, 25 p. 100 de lipides, 60 p. 100 de glucides avec 30 à 40 grammes de fibres par jour fait baisser le taux de cholestérol d'environ 18 p. 100.

En définitive, en dehors de leur action bénéfique pour tout un chacun, les fibres ont un rôle capital à jouer chez l'obèse, chez le diabétique gras et chez les sujets ayant un taux excessif de cholestérol ou de triglycérides dans le sang.

Fortifiants

A fortes doses, ils ouvrent l'appétit pour les mauvais glucides et ils font grossir. Certains contiennent aussi des quantités non négligeables de sucres. Leur utilisation, notamment chez l'enfant, peut constituer un mode d'entrée dans l'obésité.

Fructose

Glucide* à une seule molécule ou oligosaccharide, le fructose se trouve dans les fruits et aussi dans le miel. Associé au glucose, il forme le saccharose*.

Le fructose a un faible index glycémique* (20) et, de ce fait, il fait peu augmenter la glycémie* et ne provoque pas d'hyperinsulinisme*.

Cependant, une consommation très importante de fructose pourrait augmenter le taux de triglycérides* sanguin et l'on sait que cette hypertriglycéridémie favorise le développement de lésions d'athérome* avec leur risque d'accidents cardiovasculaires.

A dose raisonnable, le fructose est certainement le meilleur substitut du sucre. Son utilisation en pâtisserie ne pose aucun problème technique.

Galactose

Oligosaccharide, c'est-à-dire glucide à une seule molécule, le galactose se trouve dans le lait. Chez les mammifères, le lait contient du lactose*, association de glucose et de galactose.

Glucides

Longtemps appelés hydrates de carbone parce qu'ils sont des molécules composées de carbone, d'oxygène et d'hydrogène, les glucides sont aussi communément désignés sous le vocable général de sucres. Ils apportent une partie de l'énergie nécessaire au fonctionnement de l'organisme dont ils constituent le principal carburant.

Dans cette grande famille des glucides, une classification peut être faite en fonction de la complexité de leur molécule. C'est ainsi que l'on distingue : les glucides à une seule molécule ou oligosaccharides tels que le glucose*, le fructose*, le galactose* ; les glucides à deux molécules ou disaccharides tels que le saccharose* (glucose + fructose), le lactose* (glucose + galactose), le maltose* (deux molécules de glucose) ; les glucides à plusieurs molécules ou polysaccharides, tels que le glycogène et l'amidon. Il est possible de rattacher à ces derniers des glucides non assimilables lors de la digestion mais très riches en fibres* comme la cellulose, l'hémicellulose, la pectine, les gommes.

A partir de cette classification fondée sur la structure moléculaire, on a pendant longtemps distingué deux catégories de glucides.

La première comprenait les glucides à une ou deux

molécules, sucres simples ne nécessitant que peu de transformation digestive et donc *a priori* absorbés rapidement par l'intestin grêle ; ils ont été appelés sucres d'absorption rapide. La deuxième comprenait les sucres complexes à base d'amidon qui devaient, supposait-on, subir une longue hydrolyse en raison de la complexité de leur molécule. Ils avaient été qualifiés de sucres à absorption lente en pensant que leur assimilation digestive était plus longue.

Cette classification des glucides en sucres à absorption rapide et sucres à absorption lente est aujourd'hui complètement dépassée, car elle est erronée. Malheureusement, elle sert encore de référence à de nombreuses approches diététiques, notamment dans l'alimentation du sportif où elle fait le plus souvent figure de credo.

En fait, il a été prouvé que la complexité de la molécule d'hydrate de carbone ne détermine pas la vitesse avec laquelle le glucose est libéré et assimilé par l'organisme. La variation glycémique après absorption d'un glucide à jeun se fait plus ou moins dans le même laps de temps, quelle que soit la complexité de sa molécule : elle se produit au bout d'environ vingt à vingt-cinq minutes.

Glucides (bons)

La classification des glucides* ne pouvant se faire en fonction de leur vitesse d'absorption, elle doit se faire à partir de leur pouvoir hyperglycémiant défini par le concept fondamental d'index glycémique*.

Certains glucides ayant un index glycémique bas peuvent être appelés bons glucides. Ils donnent lieu à une libération modeste voire faible de glucose dans l'organisme et ainsi à une augmentation réduite de la glycémie et à une faible sécrétion d'insuline.

C'est le cas de toutes les céréales brutes (farines non raffinées), du riz complet et de nombreux légumes secs tels que les lentilles, les pois et les haricots.

C'est aussi surtout le cas des fruits et de tous les légumes verts (poireaux, choux, salades, haricots verts, etc.) qui contiennent beaucoup de fibres alimentaires et dont l'index glycémique est très bas.

Glucides (mauvais)

Ce sont tous les glucides* dont l'ingestion déclenche une forte augmentation de la glycémie* (glucose sanguin), c'est-à-dire une hyperglycémie. Celle-ci provoque alors une sécrétion importante d'insuline pour la réduire. Ainsi l'hyperglycémie entraîne, dans la plupart des cas, un hyper-insulinisme* aux conséquences des plus néfastes notamment sur le poids.

Ils ne sont pas mauvais en raison de leur vitesse d'absorption, paramètre dépourvu de tout fondement puisque le pic glycémique des glucides, quels qu'ils soient, à molécule simple ou complexe, se fait toujours vingt à vingt-cinq minutes après leur ingestion à jeun.

Ils sont mauvais parce que leur index glycémique* est supérieur à 50. C'est le cas du sucre blanc sous toutes ses formes, pur ou combiné à d'autres aliments (boissons, friandises) mais aussi et surtout de tous les glucides raffinés industriellement comme les farines blanches (pain blanc, pâtes blanches et riz blanc). Font partie également de ces mauvais (pour ne pas dire très mauvais) glucides des produits de consommation courante comme les pommes de terre et le maïs, dont l'index glycémique est d'autant plus élevé qu'ils ont subi un traitement industriel : fécules, flocons de pommes de terre, corn-flakes* pop-corn* (index glycémique 85) ou qu'ils ont été transformés par la cuisson : purée de pommes de terre (index glycémique 90), gratin dauphinois (index glycémique 95).

Glucomannane

Il s'agit d'une fibre soluble tirée d'une plante appelée Amorphophallus konjac, un nom bizarre qui s'explique par son utilisation au Japon au IXᵉ siècle comme moyen de contraception vaginale par les concubines de l'empereur.

De nos jours, le glucomannane a une autre vocation. Comme il se gélifie en absorbant environ 100 à 135 fois son volume d'eau, pris une demi-heure avant le repas il gonfle dans l'estomac et donne une sensation de satiété précoce.

Ensuite, lors de son passage dans l'intestin, il modifie l'absorption des glucides et des lipides, d'où notamment une moindre hyperglycémie et une diminution de la quantité d'insuline sécrétée.

En fait, le glucomannane, comme toutes ces fibres en gélules (voir *Psyllium*), n'a d'intérêt, pour le poids notamment, que dans la mesure où il est intégré dans une stratégie de rééducation nutritionnelle globale. De plus, pour être efficace, il faut ingérer des doses élevées qui ont l'inconvénient de donner des ballonnements gênants.

Glucose

Glucide à une seule molécule ou oligosaccharide, le glucose se trouve en faible quantité dans les fruits et le miel.

En fait, pour l'organisme, il est omniprésent puisque tous les glucides, quelles que soient la nature et la complexité de leur molécule, sont métabolisés en glucose. Le glucose peut être considéré comme le véritable « carburant » de l'organisme. Et le réservoir permanent dans lequel puisent tous les organes comme le cerveau, le cœur, les muscles, qui ont besoin de glucose pour fonctionner, c'est le sang. Il y a deux moyens pour l'organisme de se procurer le glucose dont il a besoin.

Le premier, c'est de le fabriquer. Cette opération est réalisée soit à partir des acides gras présents dans le sang et correspondant aux graisses consommées lors du dernier repas, soit, en l'absence de ces acides gras, en transformant directement les graisses de réserve stockées dans le tissu adipeux. Il est encore possible à l'organisme, en cas de nécessité, de fabriquer du glucose à partir des protéines musculaires.

Le deuxième moyen repose sur la transformation, c'est-à-dire la métabolisation, des glucides consommés lors de l'alimentation.

Ainsi, avant d'être stocké sous forme de glycogène* dans les muscles et le foie, le glucose d'origine digestive transite par le sang où il peut être dosé : c'est la glycémie*, laquelle indique le taux de glucose sanguin.

Glutamate

Le glutamate endogène, c'est-à-dire fabriqué par l'organisme, est un acide aminé essentiel qui joue un rôle fondamental dans le cerveau, principalement dans le processus de mémorisation. Les troubles liés au défaut de son métabolisme, à savoir épilepsie, démence précoce, affection de type parkinsonien, sont connus depuis longtemps.

Le glutamate exogène est mis dans les plats cuisinés tout préparés tels que soupes en sachet, conserves, surgelés, pour en rehausser le goût.

Donné à dose importante à des animaux de laboratoire, il entraîne la destruction de la zone cérébrale impliquée dans la régulation de l'appétit. A long terme, on pourrait découvrir que le glutamate rend dément, sénile, qu'il fait perdre la mémoire et accentue l'obésité.

Enfin, la consommation de glutamate est associée à ce qu'on appelle le « syndrome du restaurant chinois ». A la suite d'un repas dans un restaurant asiatique où du glutamate a été ajouté aux plats, certaines personnes souffrent d'une très forte migraine et d'hallucinations visuelles légères se manifestant par une impression d'étincelles dans les yeux.

Glycémie

Le taux de sucre dans le sang s'appelle glycémie. Quand elle est mesurée à jeun, la glycémie varie autour de un gramme par litre de sang, ou encore de 5,5 millimoles par litre, pour tenir compte des laboratoires qui utilisent ce type d'unité.

Après absorption d'un glucide à jeun, la glycémie augmente, plus ou moins selon la nature du glucide, jusqu'à un maximum qui correspond au pic glycémique. Le pancréas réagit alors en sécrétant une hormone, l'insuline*, qui chasse le glucose du sang pour le faire pénétrer dans les cellules. Ainsi, sous l'effet de l'insuline, la glycémie baisse et revient à la normale.

L'aliment glucidique ingéré entraîne donc une augmentation de la glycémie (hyperglycémie) dont l'importance permet de calculer un index glycémique* absolument fondamental pour permettre une classification des glucides et pour la réalisation de la nouvelle diététique qui caractérise la méthode Montignac*.

Glycogène

Polysaccharide, c'est-à-dire glucide à plusieurs molécules, le glycogène constitue une forme de stockage du glucose* dans le foie et les tissus musculaires. Sa bonne gestion est capitale chez le sportif.

Gommes

Ce sont des fibres* alimentaires solubles qui se trouvent principalement dans les légumes secs et les algues.

GPL 421

Il s'agit d'une approche diététique de l'amaigrissement où G correspond aux glucides dont il faut prendre quatre portions sous forme de crudités, « cuidités », sucreries et farineux, P correspond aux protides dont il faut consommer deux portions, L correspond aux lipides dont il faut manger une portion, cet équilibre devant être respecté à chacun des trois repas.

Même si les apports alimentaires ainsi proposés sont bien diversifiés et parfaitement équilibrés sur le plan nutritionnel, ils ne sont pas bien adaptés aux sujets ayant un excès pondéral. En effet, pour ce qui concerne les glucides, il n'est pas tenu compte de ceux ayant un index glycémique élevé qui font sécréter trop d'insuline. De plus, dans le calcul de la portion lipidique, il n'est pas tenu compte des graisses contenues dans les viandes. Or 150 grammes de viande contiennent parfois plus de lipides qu'un assaisonnement de salade ou qu'une noix de beurre.

Graisses

Après avoir été pendant des siècles recherchées et appréciées, les graisses ou lipides* sont aujourd'hui l'objet de tous les reproches et, par voie de conséquence, de toutes les exclusives.

La diététique traditionnelle les rend en effet responsables de l'obésité dans la mesure où elles contiennent une grande quantité d'énergie. En fait, c'est moins la quantité d'énergie qui est à mettre en cause dans l'alimentation que les mauvaises habitudes alimentaires qui déstabilisent le métabolisme et conduisent à la constitution des graisses de réserve. C'est l'hyperglycémie* qui par hyperinsulinisme* interposé contribue, dans une large mesure, à fabriquer anormalement les excès de graisses de réserve à partir des lipides.

Les graisses sont également rendues responsables, par l'intermédiaire essentiellement du cholestérol, de la plupart des maladies cardiovasculaires. Là encore, il convient d'être nuancé puisqu'il existe en réalité deux types de cholestérol* : le « bon » ou cholestérol-HDL* et le « mauvais » ou cholestérol-LDL*. Or si certaines graisses augmentent le taux du « mauvais » cholestérol, d'autres le font diminuer et augmentent le « bon » cholestérol.

Molécules complexes, couramment appelées corps gras, les graisses sont classées généralement selon leur origine.

On distingue ainsi d'une part les graisses d'origine animale, contenues dans les viandes*, les poissons*, le beurre*, les laitages*, les fromages*, les œufs*, d'autre part les graisses d'origine végétale c'est-à-dire les huiles (d'olive*, de tournesol*), les margarines*, etc.

Une autre classification repose sur le type d'acides gras constituant les graisses. On distingue alors d'une part les graisses saturées, formées d'acides gras saturés*, qui se trouvent dans la viande*, la charcuterie*, les œufs*, les laitages*, l'huile de palme*, d'autre part les graisses insaturées, formées d'acides gras insaturés* qui restent liquides à la température ambiante (huile de tournesol, d'olive, de colza) bien que certaines d'entre elles puissent être durcies par hydrogénation (fabrication des margarines). Toutes les graisses de poissons, d'oie et de canard sont à inclure dans cette catégorie.

La participation des graisses dans l'alimentation est importante, voire indispensable, car elles fournissent de l'énergie stockable sous forme de graisses de réserve disponibles à tout moment pour alimenter l'organisme en glucose (néoglucogénèse). Les graisses sont à l'origine de la formation des membranes et des cellules ; elles entrent dans la constitution des tissus et notamment du système nerveux. Elles permettent la fabrication d'hormones, de prostaglandines, des sels biliaires. Elles véhiculent les vitamines* dites liposolubles (solubles dans les graisses), A, D, E, K. Elles sont la seule source des acides gras essentiels que sont l'acide linoléique* et l'acide alpha-linolénique*. Enfin, certains acides gras jouent un rôle dans la prévention cardiovasculaire.

En définitive, la consommation quotidienne de graisses sous toutes leurs formes devrait représenter 30 p. 100 de l'alimentation. L'idéal correspond à la répartition suivante : 25 p. 100 de graisses saturées, 50 p. 100 d'acides gras monoinsaturés* (huile d'olive), 25 p. 100 d'acides gras polyinsaturés (poisson, huile de tournesol, de colza, de maïs, etc.).

Malheureusement, ce n'est pas le cas actuellement en France puisque les graisses représentent au moins 45 p. 100 de l'alimentation dont les deux tiers sont de type saturé.

Grignotage

Consommation quasi permanente, sans faim, de petites quantités de nourriture, le grignotage a été considéré par certains psychiatres comme le retour à un comportement primitif.

C'est de toute façon une mauvaise habitude alimentaire d'autant plus condamnable qu'elle est souvent à base de mauvais glucides* (fréquemment associés à des graisses) consommés sans discernement chaque fois que le sujet ressent des signes traduisant une hypoglycémie*, ou même encore lors d'actes compulsifs.

Grillades

Voir *Barbecue.*

Grossesse

C'est bien avant d'être enceinte qu'une femme devrait se préoccuper de réduire un éventuel excès pondéral. Malheureusement, la plupart des femmes se disent que, comme elles vont prendre obligatoirement du poids pendant leur grossesse, il sera toujours temps, après l'accouchement, de s'en préoccuper. C'est une erreur, ne serait-ce qu'en raison des complications fœtales ou maternelles (hypertension artérielle, diabète, éclampsie) qui peuvent se produire en cas de grossesse chez des femmes obèses.

Une perte de poids obtenue pendant la grossesse avec les régimes hypocaloriques habituels serait particulièrement dangereuse, car elle crée des carences importantes en vitamines, sels minéraux et oligo-éléments à un moment où l'organisme en a doublement besoin.

Seul un amaigrissement effectué selon les recommandations de la méthode Montignac* pourra garantir, outre la pérennité des résultats, un apport satisfaisant en nutriments indispensables au bon développement de l'enfant à naître, sans pour autant puiser dans les réserves maternelles.

Aux grands principes de la méthode, il convient d'ajouter quelques conseils adaptés à cette période :

– Il n'est pas nécessaire de manger pour deux ; en revanche il faut manger deux fois mieux.

– Il faut un apport correct de protéines animales (viandes, volailles, poissons, œufs, laitages, etc.) mais aussi de protéines végétales (aliments complets, légumineuses, dérivés de soja). Il convient cependant de ne pas consommer de foie plus d'une fois par semaine afin d'éliminer tout risque d'intoxication par la vitamine A. Il convient également d'éviter les viandes non cuites ou insuffisamment cuites ainsi que les coquillages en raison de risques d'infection.

– Les apports de calcium doivent être suffisants, avec un laitage (lait, fromage, yaourt, fromage blanc) à chaque repas, afin de donner un bon squelette à l'enfant tout en maintenant les stocks maternels.

– Un apport correct en fluor peut être assuré en privilégiant les eaux minérales type Badoit ou Vichy qui en contiennent.

– Le fer* doit être présent en quantité suffisante (boudin noir, viande, légumineuses, fruits secs et œufs) pour éviter anémie, fatigue, susceptibilité aux infections.

– Afin d'éviter toute carence en acide folique, qui pourrait entraîner des malformations fœtales, il faut penser à consommer des légumineuses, de la levure de bière, du germe de blé.

– La consommation de fibres* en quantité suffisante est particulièrement recommandée, non seulement parce que les aliments qui en contiennent sont riches en vitamines* et sels minéraux, mais aussi pour éviter tout risque de constipation*. Il convient donc de prendre régulièrement des fruits, des crudités, des légumes verts, de la salade, du pain, des céréales complètes et des légumineuses.

– Les boissons (eau) doivent être suffisantes pour éviter la déshydratation, favoriser le transit intestinal et empêcher la survenue d'infections urinaires. Naturellement, il ne faut pas prendre d'alcool, dangereux pour le bébé. Il est cependant permis de boire un demi-verre de vin rouge par jour : les polyphénols qu'il contient contribueront à améliorer la circulation veineuse.

– L'alimentation doit être variée afin d'éviter toute carence et pour habituer l'enfant à une certaine diversité alimentaire. En effet, dès le quatrième mois de grossesse, le fœtus perçoit les goûts : une alimentation variée de la femme enceinte facilitera la diversification alimentaire du nourrisson lors du sevrage.

En plus de ces conseils diététiques, il est bon de rappeler que la femme enceinte ne doit prendre ni médicaments ni compléments alimentaires sans avis médical et qu'elle ne doit pas fumer car le tabagisme entraîne la naissance d'un nourrisson de petit poids et beaucoup plus fragile.

La prise de poids normale lors d'une grossesse est de huit kilos qui se répartissent ainsi : 3,5 kilos pour l'enfant à terme, 500 grammes pour le placenta, 1 kilo pour l'utérus, 700 grammes pour le liquide amniotique, 1 kilo pour l'augmentation de volume des seins, 1,3 kilo pour l'accroissement de la masse sanguine.

En fait, la prise de poids doit être appréciée en fonction du poids de départ, compte tenu de la taille. Une femme pesant cinquante-deux kilos pour 1,75 mètre peut prendre quinze kilos sans problème, car elle part avec des réserves très faibles. Elle perdra d'ailleurs ces kilos très facilement après l'accouchement, d'autant mieux qu'elle allaitera, car l'allaitement maternel facilite la perte des graisses excessives.

En revanche, une femme pesant soixante kilos avant sa grossesse et mesurant 1,50 mètre ne doit pas prendre plus de huit kilos. Le risque de prise de poids excessif est d'autant plus important que l'alimentation est riche en mauvais glucides* et donc hyperglycémiante. Le suivi des principes de la méthode Montignac* est donc une excellente mesure de prévention.

Enfin, si la prise de poids est liée à des œdèmes, la solution se trouve dans une surveillance médicale stricte car cette situation peut cacher une hypertension artérielle ou de l'albumine dans les urines.

Habitudes alimentaires

C'est la dérive progressive, depuis deux siècles et surtout depuis la dernière guerre mondiale, des habitudes alimentaires qui est responsable de l'obésité* endémique qui sévit dans les civilisations occidentales. On constate l'augmentation conjointe des graisses et des sucreries, parallèlement à la baisse de la consommation des fibres*. Aujourd'hui, 60 p. 100 de notre alimentation est composée de farines raffinées, de sucreries, de graisses et d'alcool, substances qui contiennent peu de micronutriments et génèrent l'apparition de subcarences dans ce domaine.

La méthode Montignac* consiste à adopter de nouvelles habitudes alimentaires fondées essentiellement sur les bons choix alimentaires.

HDL-Cholestérol

Voir *Cholestérol HDL.*

Hémi-cellulose

Il s'agit d'une fibre alimentaire* le plus souvent insoluble dans l'eau. C'est un polysaccharide, c'est-à-dire un glucide à plusieurs molécules, non assimilable lors de la digestion. Comme les autres fibres, elle joue un rôle essentiel dans la digestion, dans le métabolisme des glucides et des lipides, ainsi que dans la prévention de nombreuses maladies. Elle se trouve dans les céréales, les légumes verts et les légumes secs.

Hérédité

L'argument héréditaire est volontiers mentionné comme cause essentielle des excès pondéraux. Il s'agit là d'une fausse explication. L'exemple de l'obésité aux États-Unis suffit pour s'en convaincre. Il y a cent ans, il n'y avait guère d'obèses dans ce pays ; actuellement, il y en a soixante-cinq millions. Comment peuvent-ils être les descendants des quelques rares obèses du XIXe siècle, lesquels, pour la plupart, étaient originaires d'Irlande, un pays marqué par la famine. De plus, de nombreux obèses américains d'aujourd'hui sont des Noirs ; or leurs cousins africains, dont ils sont les descendants, ont gardé un poids normal.

L'origine de l'augmentation du poids des Américains de génération en génération est donc à chercher ailleurs que dans l'hérédité. Il est logique de considérer que ce sont les mauvaises habitudes alimentaires qui ont, peu à peu, déterminé les conditions d'une mauvaise hérédité.

On peut dire que la génétique est permissive, mais qu'elle n'est pas forcément déterminante. L'hérédité ne constitue qu'une vulnérabilité qui ne s'exprimera que si l'environnement est défavorable. Vouloir en faire le responsable et de l'obésité et du manque de réussite des traitements, comme le font beaucoup de spécialistes de la nutrition, ne fait que générer découragements, anxiété et stress, facteurs d'entretien de l'excès pondéral.

Hormones

Les hormones et en particulier les estrogènes* étant d'incontestables facteurs de croissance, les éleveurs de bétail ont pris progressivement l'habitude d'en donner à leurs animaux car le rendement est alors bien supérieur. De plus, la masse grasse moins importante correspond mieux à la demande de la clientèle.

En 1988, à la suite d'une virulente campagne antihormones lancée quelques années auparavant, une directive européenne a interdit l'usage de ces hormones. Néanmoins, passant outre, de nombreux éleveurs continuent à s'en servir dans l'alimentation de leurs animaux.

Or chez l'humain, la consommation pendant des années de viande aux hormones risque d'avoir des effets secondaires, par effet cumulatif.

Hormones féminines

Elles sont, pour l'essentiel, au nombre de deux : les estrogènes* et la progestérone*. Toutes deux sont susceptibles d'induire une prise de poids, plus marquée cependant avec les estrogènes (augmentation du tissu adipeux et rétention d'eau).

Ces hormones sont généralement prescrites pour des troubles des règles, une tumeur bénigne du sein ou des fibromes.

La pilule*, mélange d'estrogènes et de progestérone, peut être à l'origine d'une prise de poids de deux à trois kilos chez les sujets sensibles.

A la ménopause*, la prescription hormonale, pour prévenir l'ostéoporose* et protéger des maladies cardiovasculaires, peut aussi provoquer une relative prise de poids. En fait, celle-ci dépend de l'existence et de l'importance d'une surcharge pondérale antérieure, ainsi que des hormones choisies par le médecin.

Hypercholestérolémie

Il s'agit d'un des facteurs de risque reconnu (mais c'est loin d'être le seul) de maladies cardiovasculaires. On parle d'hypercholestérolémie dès que le taux de cholestérol* total dépasse 2 grammes par litre. En fait, les résultats des déterminations des fractions HDL* et LDL* sont bien plus importants, ainsi que le rapport entre cholestérol total et le HDL qui doit être impérativement inférieur à 4,5. Les traitements médicamenteux de l'hypercholestérolémie doivent rester l'ultime recours, une bonne gestion de l'alimentation étant suffisante dans la plupart des cas.

Pour diminuer le taux de cholestérol s'il est trop élevé ou bien pour se prémunir contre une hypercholestérolémie, il faut d'abord perdre du poids s'il y a excès pondéral car l'amaigrissement entraîne, le plus souvent, une amélioration de tous les paramètres biologiques et en particulier du cholestérol.

Longtemps préconisée par l'Organisation mondiale de la santé qui recommandait de ne pas dépasser 300 milligrammes par jour, la diminution des apports alimentaires en cholestérol ne donne guère de résultats. Il a été montré qu'une réduction de 100 milligrammes par jour du cholestérol alimentaire ne faisait baisser le cholestérol sanguin que de 25 milligrammes par litre. Autrement dit, une cholestérolémie à 2,40 grammes par litre descend à 2,38, ce qui est négligeable. Il n'y a guère qu'un quart de la population qui semble sensible au cholestérol alimentaire et encore faut-il que l'apport quotidien dépasse 1 500 milligrammes. S'il est possible de négliger la quantité de cholestérol contenue dans les aliments, il convient en revanche de tenir compte du degré de saturation des acides gras* ingérés. Il faut donc choisir ses lipides, limiter l'apport de graisses saturées* (charcuteries, viande, beurre, laitages entiers, huile de palme) qui augmentent les taux de cholestérol total et LDL, leur préférer les graisses polyinsaturées* (poissons) et monoinsaturées* (huile d'olive*, graisses d'oie et de canard).

Ainsi, il est recommandé de réduire la consommation de viande à 150 grammes par jour au maximum, en choisissant des viandes peu grasses comme le cheval ou le bœuf maigre, que l'on remplacera le plus souvent possible par des volailles (sans la peau). Il faut éviter la charcuterie et les abats, préférer les poissons (300 grammes par semaine au minimum), manger peu de beurre (10 grammes par jour au maximum), prendre du lait écrémé et des laitages à 0 p. 100 de matière grasse.

Pour ce qui concerne les fromages, il semble que les acides gras qu'ils contiennent forment avec le calcium des sels insolubles mal absorbés par l'intestin. Ainsi, il y aurait beaucoup moins de risques, pour ce qui concerne le cholestérol, à manger du fromage que ce qui était dit jusqu'alors.

Il faut augmenter la ration de fibres alimentaires* dont la présence dans le tube digestif améliore le métabolisme des lipides. Ainsi la consommation de pectine* contenue notamment dans les pommes* fait baisser de façon sensible le taux de cholestérol. C'est également le cas de toutes les fibres solubles telles celles des légumineuses, ou celles qui sont contenues dans les algues (alginates). La consommation de café doit être réduite puisqu'il semble qu'au-delà de six tasses quotidiennes, le cholestérol total augmente nettement alors que le cholestérol-HDL diminue. Boire du café décaféiné n'est pas la solution car cet effet n'est pas dû à la caféine. Mais les gros buveurs de café sont souvent des fumeurs. Dans les études qui ont mis en cause le café, le problème du cholestérol semble surtout dû au tabagisme.

En revanche, le vin* en petite quantité (maximum une demi-bouteille par jour) a un effet favorable : dans ces conditions, l'alcool augmente le taux de cholestérol-HDL et les polyphénols* protègent les parois des vaisseaux et ont un rôle antioxydant.

Enfin le stress, le tabagisme et la sédentarité ayant une action négative sur le taux de cholestérol, une meilleure hygiène de vie s'impose donc, non seulement en tant que mesure curative, mais aussi en tant que mesure préventive.

Hyperglycémie

Le taux de glycémie* à jeun étant habituellement d'un gramme par litre de sang (ou encore de 5,5 millimoles par litre), toute valeur supérieure correspond à une hyperglycémie.

Toute consommation d'un glucide* provoque une augmentation de la glycémie et chaque glucide a un pouvoir hyperglycémiant donné, défini par son index glycémique*.

Les glucides à fort pouvoir hyperglycémiant sont de mauvais glucides* : sucre* blanc, glucides raffinés industriellement comme les farines* blanches (du pain*, des pâtes* et du riz*), pommes de terre*, maïs*.

Les glucides à faible pouvoir hyperglycémiant sont de bons glucides. C'est le cas des céréales brutes (farines non raffinées), du riz complet, des pâtes complètes, de nombreux féculents et légumes secs, surtout des fruits et légumes verts.

Le rôle néfaste de l'hyperglycémie s'explique par la sécrétion d'insuline qu'elle induit, sécrétion dans la plupart des cas excessive : l'hyperglycémie provoque un hyperinsulinisme*, lequel est responsable notamment de la constitution anormale de réserves de graisses, dans la mesure où l'alimentation contient des lipides.

Hyperinsulinisme

La consommation excessive de mauvais glucides* induit une forte hyperglycémie* dont la conséquence est une stimulation anormale du pancréas qui réagit en sécrétant de l'insuline*. Plus l'hyperglycémie est importante, plus la quantité d'insuline sécrétée est élevée. Avec la répétition de ces stimulations, le pancréas va sécréter des quantités d'insuline de plus en plus disproportionnées par rapport à la glycémie*.

Cette sécrétion excessive d'insuline ou hyperinsulinisme a pour effet de faire baisser anormalement la glycémie, d'où une hypoglycémie*, et de favoriser un stockage anormal des acides gras sous forme de graisses de réserve dès que l'alimentation apporte des quantités significatives de lipides.

Une alimentation trop riche en sucres, apportant en outre une quantité importante de graisses, est fatalement à l'origine d'une obésité* par hyperinsulinisme interposé.

Le dernier danger de l'hyperinsulinisme est qu'il peut

conduire, alors que l'obésité est déjà bien installée, au développement d'une insulinorésistance*.

Hyperinsulinisme et insulinorésistance favorisent les lésions artérielles, les accidents vasculaires et l'hypertension artérielle. Une alimentation appliquant les principes de la méthode Montignac* permettra l'amaigrissement et la disparition d'abord de l'insulinorésistance puis de l'hyperinsulinisme qui sont, dans la plupart des cas, toujours réversibles.

Hyperphagie

A côté de l'hérédité*, l'hyperphagie (c'est-à-dire le fait de manger de façon excessive) est la seconde mauvaise raison mise généralement en avant par les spécialistes pour expliquer embonpoint* et obésité*. Ce qui se traduit par : « Vous êtes trop gros parce que vous mangez trop. » Seuls 15 p. 100 des obèses mangent des quantités exagérées.

En fait, il faut chercher longtemps autour de soi pour rencontrer un obèse en train de se jeter sur la nourriture. En revanche, il est fréquent de trouver des maigres toujours maigres, qui dévorent en désespérant de prendre 500 grammes. La solution est ailleurs : l'obèse ne mange pas trop, il mange mal et il lui faut changer ses habitudes alimentaires*.

Hypertension artérielle

Définie selon l'Organisation mondiale de la santé par des chiffres tensionnels supérieurs à 16-9,5, l'hypertension artérielle a longtemps été ramenée à un problème de quantité excessive de sel* dans l'alimentation.

En fait, son origine est multifactorielle et il est certain que l'hyperinsulinisme* et l'insulinorésistance* sont deux éléments essentiels à prendre en considération. Tout traitement qui ne tente pas de les corriger est obligatoirement incomplet.

Hypertriglycéridémie

Il y a hypertriglycéridémie lorsque le taux des triglycérides* dans le sang est supérieur à 1,50 gramme par litre. Cette hypertriglycéridémie est aussi un facteur de lésions vasculaires.

Bien que les triglycérides soient une variété de lipides, l'origine des hypertriglycéridémies habituelles ne se trouve pas dans un excès de graisses alimentaires.

En revanche sont en cause : l'abus de boissons alcoolisées, une consommation excessive de sucres simples (sucre, sucreries, bonbons, miel, confiture, etc.) ainsi que de mauvais glucides* hyperglycémiants (farines blanches, pommes de terre, etc.).

En cas d'hypertriglycéridémie, il faut malheureusement limiter la quantité de fruits, à l'exception des pommes* riches en pectine*, le fructose s'incorporant dans le cycle des lipides. En compensation, pour que la dose de vitamine C et de fibres soit correcte, il convient d'augmenter la consommation de légumes crus.

Hypoglycémie

La glycémie* normale étant de 1 gramme par litre (soit 5,5 millimoles par litre), toute valeur nettement inférieure, disons en dessous de 0,70 gramme par litre, mais avec de grandes différences de sensibilité selon les individus, correspond à une hypoglycémie. Il s'agit d'une anomalie d'une fréquence considérable, volontiers sous-estimée.

Un des mécanismes les plus fréquents de l'hypoglycémie est le suivant. Imaginons un petit déjeuner, malheureusement habituel, composé essentiellement de mauvais glucides : pain blanc, miel, confiture, sucre. La glycémie s'élève alors, par exemple jusqu'à 1,70 gramme par litre. La sécrétion pancréatique d'insuline qui en résulte est importante et même disproportionnée si le pancréas, ainsi malmené depuis des années, n'est pas en bon état.

L'hyperinsulinisme fait alors baisser anormalement la

glycémie, qui peut ainsi descendre jusqu'à 0,45 gramme par litre environ trois heures après ce petit déjeuner. Il y a hypoglycémie qui est qualifiée de réactionnelle puisqu'elle est la conséquence d'une hyperglycémie antérieure.

Si la chute glycémique a été brutale, le sujet peut alors se plaindre de troubles associant pâleur, sueurs, palpitations, angoisse, tremblements ou ressentir subitement une très grande faim. Il pourra même, à l'extrême, perdre connaissance : c'est le classique malaise hypoglycémique.

Le plus souvent, la baisse de la glycémie est progressive, se traduisant par des signes beaucoup plus banals et bien moins évocateurs tels que maux de tête, bâillements, coups de pompe, manque de concentration, troubles de la vision, frilosité, voire irritabilité et agressivité.

Les accidents du travail, en usine ou sur les chantiers, plus nombreux à certaines heures de la journée, sont, pour la plupart, liés à un relâchement de l'attention probablement en rapport avec une baisse anormale de la glycémie. Plus de 30 p. 100 des accidents survenant sur autoroute sont dus à une perte de la vigilance consécutive à une baisse de la glycémie.

Tous ces troubles, tous ces accidents sont en fait la conséquence indirecte de mauvaises habitudes alimentaires* : du sucre, du pain blanc, des pommes de terre et du riz blanc en quantité, mais pas assez de fibres.

Et, malheureusement, tous ceux qui ressentent ces signes d'hypoglycémie réagissent par un réflexe stupide : ils grignotent un mauvais glucide, éventuellement délivré industriellement à grand renfort de publicité sous forme de barres pseudo-chocolatées. La glycémie remonte aussi vite qu'elle a baissé. Ainsi se crée un véritable cercle vicieux hyper-hypoglycémie.

Grands consommateurs de coca ou d'autres boissons sucrées, les adolescents* se trouvent dans cette même logique « hyper-hypo ».

Quant à l'alcool, un verre bu à jeun passe directement dans le sang et provoque aussitôt une élévation de la glycémie. Celle-ci va automatiquement induire une importante sécrétion d'insuline à l'origine d'une hypoglycémie réactionnelle, d'où, là encore, cercle vicieux. C'est pourquoi faire boire à un alcoolique, pour le sevrer, des jus de fruits ou des boissons sucrées à la place de l'alcool ne peut pas améliorer la situation, au contraire.

Immunité

Cet état de résistance vis-à-vis des agents infectieux nécessite, pour être pleinement efficace, des conditions de nutrition correcte. Il faut donc des apports suffisants et équilibrés non seulement en macronutriments, c'est-à-dire protides, lipides, glucides (on sait par exemple que la dénutrition protéique conduit à une baisse des défenses immunitaires) mais aussi en micronutriments c'est-à-dire sels minéraux et oligo-éléments. Ainsi, le déficit en fer* et en vitamine C* entraîne une moindre résistance aux infections, le cuivre intervient directement sur le foyer infectieux, le sélénium* et le zinc* stimulent les défenses immunitaires.

Beaucoup de régimes pour soi-disant maigrir dépriment l'immunité par les carences qu'ils induisent. La méthode Montignac*, qui n'est justement pas un régime, assure ces apports suffisants et équilibrés.

Index glycémique

Tout glucide* provoque une augmentation plus ou moins importante (pic glycémique*) de la glycémie*. L'index glycémique correspond à la surface du triangle de la courbe d'hyperglycémie (avec le taux de glycémie en ordonnée, le temps en abscisse) induite par le glucide considéré.

Le glucose a arbitrairement un index égal à 100. Celui des autres glucides est la résultante du rapport entre la surface du triangle du glucide testé et la surface du triangle du glucose, multiplié par 100.

L'index glycémique est d'autant plus élevé que l'hyperglycémie induite par le glucide est plus forte. Il sert à la classification des glucides* en « bons » et en « mauvais » selon la valeur de leur index glycémique. Ces valeurs sont indiquées à chaque produit cité dans ce dictionnaire (voir les rubriques correspondantes).

Les bons glucides ont un index glycémique bas (50 et en dessous). C'est le cas de toutes les céréales brutes, c'est-à-dire des farines non raffinées, du riz complet, et de nombreux féculents et légumes secs (lentilles, pois, haricots). Les fruits frais ont un index à 30 (sauf les bananes qui sont à 60) et tous les légumes verts ont un index glycémique très bas ; ils contiennent en outre des fibres alimentaires*.

Les mauvais glucides ont un index glycémique élevé, supérieur à 50, allant jusqu'à 110 pour le maltose*. Il s'agit du sucre* blanc sous toutes ses formes, de toutes les farines* blanches, du miel, des carottes, des fèves, des potirons, des pastèques, des betteraves, des melons, des bananes, des pommes de terre* et du maïs*, l'index de ces deux derniers produits augmentant encore avec le traitement industriel et la cuisson qui rend l'amidon plus digeste.

Malheureusement, contrairement à celle d'autrefois, l'alimentation moderne privilégie les glucides à index glycémique élevé et délaisse les autres, d'où hyperglycémie*, hyperinsulinisme* et hypoglycémie* réactionnelles.

Index insulinique

La consommation d'un aliment glucidique provoque une élévation plus ou moins importante de la glycémie* suivie d'une sécrétion plus ou moins abondante d'insuline* par le pancréas afin de ramener la glycémie à la normale.

L'index insulinique mesure l'amplitude de cette réaction insulinique. Évalué à 100 pour le glucose, il est par exemple de 90 pour les haricots blancs et de 170 pour le pain blanc. Surtout, chez les sujets atteints d'hyperinsulinisme*, il est nettement plus élevé au cours d'un repas complet que si l'aliment est pris seul, passant par exemple, pour les pommes de terre bouillies, de 95 (consommées seules) à 260 (repas complet).

Connaissant les méfaits de l'hyperinsulinisme, l'étude de cet index insulinique est un argument supplémentaire pour un choix correct des glucides, rejetant les mauvais glucides hyperglycémiants.

Index de masse corporelle

C'est le *Body Mass Index (BMI)* ou formule de Quetelet. Il indique le rapport entre le poids en kilos et la taille en mètres et au carré.

Autrement dit : $BMI = \frac{P}{T^2}$

Si le *BMI* est entre 20 et 23, la corpulence est normale. S'il se situe entre 24 et 29, il y a surcharge pondérale. Au-delà de 30, il y a obésité. L'avantage de cette formule est de donner une fourchette de normalité et non un chiffre précis de « poids idéal ».

Infection (carences, cause d')

En déprimant les moyens de défense immunitaire, les carences, notamment en protéines, en certaines vitamines, sels minéraux, ou oligo-éléments, favorisent la survenue d'infections. Ces carences sont souvent provoquées par des régimes hypocaloriques* (inférieurs à 1 500 calories).

Insuline

Sécrétée par le pancréas et plus précisément par les cellules bêta des îlots de Langerhans, l'insuline est la seule hormone hypoglycémiante de l'organisme. Pendant le jeûne et loin des repas, une sécrétion basale d'insuline, faible et continue, module la production de glucose à partir du glycogène hépatique. Au début d'un repas, la seule vue des aliments ou le contact de n'importe quelle substance avec les papilles gustatives de la partie antérieure de la langue déclenche un pic de sécrétion immédiat, de faible intensité, et ne durant que quelques minutes.

Après le repas, une nouvelle augmentation de la sécrétion insulinique se produit. Elle est beaucoup plus ample et prolongée que la précédente. Surtout, elle est fonction de l'importance de l'élévation de la glycémie provoquée par l'alimentation (voir *Index insulinique*).

Cette sécrétion d'insuline favorise la pénétration intracellulaire du glucose et son stockage sous forme de glycogène et de triglycérides. Elle favorise aussi le stockage des acides gras circulants. Cette lipogénèse, c'est-à-dire cette accumulation de graisses de réserve, n'apparaît que pour des doses élevées d'insuline (elle ne se produit donc pas lors de la sécrétion basale).

Les actions de l'insuline sont en fait multiples.

Concernant le métabolisme glucidique, l'insuline permet la pénétration intracellulaire du glucose, favorise la synthèse du glycogène, inhibe la néoglycogénèse ainsi que la sécrétion du glucagon, une hormone hyperglycémiante sécrétée également par le pancréas.

Concernant le métabolisme lipidique, l'insuline favorise la lipogénèse et ainsi la constitution de graisses de réserve. En effet, elle permet la transformation du glucose en excès sous forme d'acides gras. Elle contribue au stockage des acides gras circulants sous forme de triglycérides en stimulant l'activité d'une enzyme, la lipoprotéine lipase. Elle augmente le volume des adipocytes*. Par ailleurs elle bloque l'élimination des graisses (lipolyse) en inhibant le fonctionnement d'une enzyme (la triglycéride-lipase).

Elle favorise encore la synthèse protéique en facilitant la pénétration intracellulaire des acides aminés et en inhibant la fonte protéique. Enfin, elle augmente la rétention d'eau par captation sodée.

Compte tenu de ces différentes actions de l'insuline, il est essentiel de retenir que toute sécrétion excessive, par abus de glucides* à fort index glycémique* et insuffisance de fibres*, provoque obligatoirement l'accumulation de graisses de réserve et une prise de poids.

Insulinorésistance

L'hyperinsulinisme* favorise le stockage des graisses et empêche l'amaigrissement. Avec le temps, alors que l'obésité* est souvent déjà bien installée, l'insuline* en excès perd de son efficacité. Elle est en effet devenue de mauvaise qualité ou elle est mal reconnue par les cellules de l'organisme.

A l'hyperinsulinisme s'ajoute une insulinorésistance. Malgré les fortes quantités d'insuline sécrétée, le glucose tarde à pénétrer dans les tissus.

La glycémie restant élevée, le pancréas réagit en sécrétant encore plus d'insuline et l'hyperinsulinisme s'accroît.

L'application des principes de la méthode Montignac* permet de faire maigrir ces sujets et de faire disparaître d'abord l'insulinorésistance puis l'hyperinsulinisme qui sont heureusement réversibles.

Ionisation des aliments

Cette nouvelle technique de conservation des aliments fait appel à des rayons gamma, émis par une source de cobalt 60 et de césium 137. Elle est de plus en plus utilisée.

L'irradiation qu'elle réalise a pour effet de stériliser l'aliment par destruction des cellules de reproduction des parasites. Elle inhibe également la croissance naturelle des cellules végétales pour empêcher la germination.

Plus la dose est élevée, plus grand est le nombre de micro-organismes contenus dans l'aliment pouvant être détruits, bien que les virus ne semblent pas y être sensibles.

La durée de conservation d'un produit frais sera donc fonction de la dose d'irradiation. Les poissons, viandes, fruits fragiles, semi-conserves, plats cuisinés dont la date de péremption est lointaine, ont souvent fait l'objet de doses importantes.

Si les risques de radioactivité des aliments ainsi traités n'existent pas, en revanche des vitamines, notamment C, B, B12, A, E et K, sont sensibles à cette technique. Il en est de même, mais dans des proportions moindres, de la vitamine B6 et du carotène.

Les protéines peuvent également être dénaturées car l'irradiation s'attaque aux acides aminés soufrés que peut contenir le produit, ce qui en diminue la valeur biologique. Le blé par exemple, riche en méthionine, perd plus du quart de sa valeur protéique après irradiation à 5 Mrads.

Jeûne hydrique

Une formule soi-disant pour maigrir, en ne buvant que de l'eau, avec, éventuellement, un mélange de vitamines et de sels minéraux.

Il est inutile d'insister sur le danger que peut faire courir ce jeûne hydrique à ceux qui se hasardent à l'appliquer même pendant quelques jours. Bien sûr, ce n'est pas ainsi que l'obèse pourra corriger ses habitudes alimentaires*.

L'absence de tout glucide, lipide ou protide est catastrophique.

Le pronostic vital peut être mis en jeu, après des malaises graves.

Jogging

Devenu un véritable rituel aux États-Unis, beaucoup moins en vogue en France, le jogging doit, dans l'esprit de ceux qui le pratiquent, leur permettre de maintenir une forme de rêve. Ils partent en effet du principe erroné que la meilleure façon de maigrir est de limiter les calories d'un côté et d'en dépenser beaucoup de l'autre (voir *Exercice physique** et *Sport**).

Lactose

Sucre du lait des mammifères, le lactose est un disaccharide, c'est-à-dire un glucide à deux molécules : du glucose plus du galactose.

Laxatifs

La lutte contre la constipation* ne peut pas et ne doit pas se faire à l'aide de laxatifs. Seules des mesures concernant l'alimentation (boissons abondantes, fibres*, etc.) sont logiques et efficaces (voir *Constipation**).

Les laxatifs sont antiphysiologiques. Ils peuvent être, à la longue, irritants pour l'intestin, entraînant une véritable « maladie des laxatifs » qui se traduit par des spasmes douloureux du côlon. Ils provoquent rapidement une fuite de potassium à l'origine de crampes, de faiblesse musculaire et même de troubles cardiaques parfois graves.

De toute façon, si le bon fonctionnement du transit intestinal est important, il ne faut pas croire pour autant qu'il conduit à l'amaigrissement. Maigrir consiste à perdre des graisses et non à augmenter le volume des selles.

L-carnitine

Cette enzyme, présente dans l'organisme, permet l'utilisation des acides gras sortis des graisses de réserve. Elle ne fait pas fondre ces graisses ; seul un taux bas d'insuline* peut le permettre. Un déficit congénital en L-carnitine étant très rare (et ne s'accompagnant d'ailleurs pas d'obésité), il n'y a aucune raison d'en prendre en gélules pour espérer maigrir.

En revanche, la synthèse de L-carnitine dépend d'un apport correct en fer* et en vitamine C*. Leur carence étant fréquente, il est important de rééquilibrer leurs apports respectifs dans l'alimentation.

LDL-cholestérol

Voir *Cholestérol LDL.*

Lipides (origine animale)

Ce sont les graisses* contenues dans les viandes*, la charcuterie*, les poissons*, le beurre*, les laitages*, les fromages*, les œufs*...

Beaucoup de ces lipides d'origine animale sont constitués d'acides gras saturés* : c'est le cas de la viande, de la charcuterie, du lait et des laitages, des fromages, de la crème et du beurre. Leur consommation excessive peut entraîner une élévation du taux de cholestérol* sanguin, avec son risque d'accident cardiovasculaire. Elle est également un facteur de risque pour certains cancers*.

Les lipides contenus dans les viandes de volaille (à l'exception de la peau) et tout particulièrement dans les viandes d'oie et de canard gavés pour produire foies gras et confits, ainsi que dans les poissons, sont constitués d'acides gras insaturés* protecteurs des vaisseaux.

Les œufs sont à envisager à part. Ils contiennent des graisses saturées, mais celles-ci seront peu assimilées en raison de la présence de lécithine.

Lipides (origine végétale)

On en trouve dans les huiles, les margarines et les fruits oléagineux. Les huiles polyinsaturées (tournesol, maïs) diminuent le cholestérol* total, le LDL-cholestérol*, mais malheureusement aussi le HDL-cholestérol*.

L'huile d'olive vierge est monoinsaturée ; elle a l'avantage de diminuer le cholestérol total et le LDL-cholestérol et d'augmenter le HDL-cholestérol, ce qui en fait un aliment important dans le cadre de la prévention des maladies cardiovasculaires.

Les margarines ont théoriquement les mêmes propriétés que les huiles dont elles sont issues (tournesol, par exemple). Mais, en raison des modifications technologiques qu'elles subissent, peuvent apparaître des formes chimiques qui pourraient favoriser l'apparition de lésions vasculaires.

Les fruits oléagineux (noix, amandes) ont, eux, un effet protecteur des vaisseaux, d'autant qu'ils sont riches (comme les huiles) en vitamine E*.

L'huile de palme en revanche est composée d'acides gras saturés. Bien que ce soit un lipide d'origine végétale, cela en fait une graisse alimentaire perverse car dangereuse sur le plan cardiovasculaire.

Lipides cachés

Les graisses existent sous forme cachée dans la viande, la charcuterie, les œufs, la volaille, le poisson, le lait, les laitages, les fromages, les fruits oléagineux, mais surtout dans la biscuiterie, la pâtisserie, les viennoiseries, les barres chocolatées et les glaces industrielles.

Lipides visibles

La présence de graisses est évidente dans les huiles, le beurre, les margarines, le lard, le suif et le saindoux.

Lipogénèse

C'est l'insuline* qui favorise la lipogénèse, c'est-à-dire la constitution de graisses de réserve, et ce par plusieurs mécanismes.

En premier lieu, elle permet la transformation du glucose* en excès, en acides gras. En outre, l'existence d'un excès d'insuline (hyperinsulinisme*) en présence d'acides gras entraîne la stimulation de l'activité d'une enzyme, la lipoprotéine lipase, qui va stocker ces acides gras circulant sous forme de triglycérides. Ainsi, l'insuline augmente le volume des cellules graisseuses ou adipocytes. D'un autre côté, l'insuline s'oppose à la lipolyse* en inhibant une enzyme responsable, la triglycéride lipase, et en neutralisant l'effet de deux autres hormones, le cortisol et les catécholamines.

L'accumulation de graisses de réserve est donc une conséquence obligatoire de l'hyperinsulinisme.

Lipolyse

Processus permettant la libération des graisses de réserve et inhibé en cas d'hyperinsulinisme, car l'insuline neutralise l'effet lipolytique de deux hormones, le cortisol et les catécholamines ainsi que l'action d'une enzyme, la triglycéride lipase.

Lithium

Prescrit pour des affections d'ordre psychiatrique (psychose maniaco-dépressive), le lithium provoque souvent une soif intense qui conduit à absorber des boissons sucrées en excès. En outre, il augmente la faim et il peut perturber le métabolisme de la glande thyroïde.

Une surcharge pondérale risque donc d'être le prix à payer pour ce traitement.

Lorentz (formule de)

Destinée à calculer le poids idéal, elle s'établit de la façon suivante, la taille étant inscrite en centimètres :

– Pour l'homme : poids idéal $= (\text{taille} - 100) - \frac{(\text{taille} - 150)}{4}$.

– Pour la femme : poids idéal $= (\text{taille} - 100) - \frac{(\text{taille} - 150)}{2}$.

Par exemple, pour une femme mesurant 1,70 m, le poids idéal ainsi calculé est de soixante kilos.

Mais cette formule, finalement trop rigide, a des limites. Ainsi, pour une femme mesurant 1,50 m, le poids idéal s'établit à cinquante kilos, ce qui semble un peu excessif.

Aussi, l'index de masse corporelle* est-il plus satisfaisant.

Magnésium

Beaucoup de Français ont un déficit en magnésium, lequel s'accompagne souvent d'un déficit en potassium.

Le magnésium a de multiples actions dans l'organisme : diminution de l'agrégabilité plaquettaire, ce qui prévient les thromboses ; stabilisation de l'équilibre électrochimique de la membrane cellulaire et contrôle des mouvements des ions sodium, potassium et calcium, ce qui limite la vulnérabilité au stress ; protection des mitochondries qui produisent l'énergie de la cellule ; activation du métabolisme des glucides chez le sportif.

Seule une alimentation variée permet un apport suffisant de magnésium, de même que des autres oligo-éléments et des différentes vitamines. Sont particulièrement riches en magnésium : le cacao en poudre, le germe de blé, les amandes, le chocolat à 70 p. 100 de cacao, les haricots secs, les noix et les noisettes, le riz complet, les flocons d'avoine, les lentilles, le pain intégral, les figues sèches, les pâtes intégrales.

Maladies cardiovasculaires

En 1990, en France, les maladies cardiovasculaires étaient encore à l'origine de 36,6 p. 100 des décès.

Les responsables, ceux que l'on dénomme facteurs de risque, sont connus : ils s'appellent cholestérol-LDL*, triglycérides*, acide urique, hyperinsulinisme*, diabète*, obésité*, hypertension artérielle*, tabagisme*, sédentarité, stress*. Tous ces facteurs concourent à cet encrassement des artères nommé athérome*, lequel conduit à l'athérosclérose et aux maladies cardiovasculaires.

Les options nutritionnelles de la méthode Montignac* réalisent une prévention efficace de cet athérome, tous les grands principes de cette méthode allant dans une même direction d'hygiène cardiovasculaire.

En permettant de réduire embonpoint* et obésité*, elle aide à normaliser la pression artérielle, ainsi que les anomalies biologiques favorisant le développement de lésions d'athérome, à savoir hyperglycémie*, hyperinsulinisme, hypercholestérolémie*, hypertriglycéridémie*. L'amaigrissement soulage également le travail cardiaque et il facilite l'activité physique.

En privilégiant les glucides* à index glycémique* bas, la méthode supprime un éventuel hyperinsulinisme* et l'insulinorésistance* qui a pu se développer. Elle contribue ainsi à faire baisser les taux de cholestérol* total, de cholestérol-LDL* dit « mauvais » cholestérol et de triglycérides.

La limitation de la quantité de graisses saturées*, la préférence pour les graisses insaturées* ont également des effets favorables sur le cholestérol : diminution du cholestérol total et LDL, augmentation du cholestérol-HDL*, dit « bon » cholestérol. Un apport important de fibres alimentaires*, en particulier solubles, s'oppose également à l'hyperinsulinisme et aux anomalies lipidiques.

La richesse de l'alimentation conseillée en micronutriments permet à l'organisme de disposer des antioxydants* qui protègent les parois artérielles.

Maltose

Ce glucide à deux molécules de glucose ou disaccharide est extrait du malt. C'est le sucre de la bière* et du maïs*. C'est, en fait, le plus mauvais des glucides avec un index glycémique* à 110 (donc supérieur à celui du glucose qui est de 100).

Mastication

Il est capital de toujours mâcher correctement les aliments. Une mastication bâclée supprime une étape de la digestion (imprégnation salivaire, action d'une enzyme, l'amylase, sur l'amidon) et elle induit des dégagements gazeux par excès de résidus coliques.

Il faut en outre veiller à ce que cette mastication ait les moyens d'être efficace. Autrement dit, il faut maintenir la denture en bon état. C'est capital pour permettre une alimentation diversifiée.

Elle contribue à la sensation de satiété, d'où l'inconvénient de certains substituts de repas, proposés sous forme liquide.

Ménopause

Marquée par l'arrêt des fonctions de reproduction et des sécrétions hormonales d'origine ovarienne (estrogènes*, progestérone*), la ménopause laisse apparaître plusieurs risques pour la femme jusqu'alors protégée par ses hormones. La menace est principalement cardiovasculaire et osseuse (ostéoporose*). En cas d'obésité* préalable, la ménopause est marquée par le passage d'une obésité gynoïde* à une obésité androïde* avec tous les risques cardiovasculaires qui s'y rattachent.

L'âge moyen de la ménopause est de cinquante ans. Il y a actuellement en France plus de 9 millions de femmes ménopausées. Chaque année, la ménopause survient chez 310 000 Françaises.

Au point de vue alimentation et compte tenu des risques de cette période, plusieurs mesures sont à prendre.

Contre l'ostéoporose, il faut assurer un apport important de calcium (associé de préférence à de la vitamine D et à un traitement hormonal). Ainsi, après la cinquantaine, les apports calciques chez la femme devraient être de 1 200 à 1 500 milligrammes par jour, alors qu'ils ne sont en moyenne, en France, que de la moitié.

Ceci implique que la femme ménopausée devra consommer plus de fromage, notamment de l'emmental.

Elle devra aussi éviter les pertes de calcium qui sont augmentées par l'absorption d'alcool (au-delà d'un demi-litre de vin par jour), l'excès de café (au-delà de quatre tasses) et le tabagisme.

Pour ce qui concerne le poids, il convient d'abord d'éliminer certaines idées reçues. Ainsi, la ménopause n'est pas un facteur déterminant de prise de poids ; elle n'est qu'un facteur d'amplification pour un sujet ayant déjà une hypersensibilité à la surcharge pondérale. En d'autres termes, et cela a été prouvé, des femmes qui prennent du poids au moment de la ménopause, avec ou sans traitement hormonal, sont toujours celles qui ont déjà une certaine surcharge pondérale, voire une obésité.

De la même manière, plus la femme arrivant à l'âge de la ménopause est en excès de poids, plus elle risque d'avoir un hyperinsulinisme. Et plus il y a d'hyperinsulinisme, plus la tendance à grossir est marquée. En outre, il a été montré que la diminution ou la disparition des estrogènes diminue la tolérance au glucose et réduit la sensibilité à l'insuline*, ce qui favorise hyperinsulinisme* et insulinorésistance*.

Voyons ce qu'il en est au point de vue statistiques. Il a été montré que :
– 43 p. 100 des femmes ont un problème de poids au moment de la ménopause ;
– En cas de traitement hormonal, la probabilité de prise de poids est de 31 p. 100 ;
– En l'absence de traitement hormonal, cette probabilité est de 44 p. 100 ;
– Après hystérectomie totale, une prise de poids se produit une fois sur deux.

En pratique, il est possible de dire que, pour les femmes ayant la chance d'être déjà minces, voire maigres, au moment de la ménopause, le risque de prise de poids est pratiquement nul. Si elles n'ont jamais eu de kilos en trop, malgré d'éventuelles mauvaises habitudes alimentaires*, il est improbable qu'un hyperinsulinisme apparaisse à ce moment-là en raison de la carence en estrogènes. Afin d'éviter tout risque, il leur suffit d'appliquer les principes de la méthode Montignac* en passant directement à la phase II*.

Pour celles qui ont déjà des kilos en trop, la ménopause avec ou sans traitement hormonal va être un facteur d'amplification.

L'expérience a montré que l'application des principes de la méthode, notamment en suivant de façon très stricte la phase I*, donnait des résultats satisfaisants, compte tenu des facteurs de résistance à l'amaigrissement*, et que c'était en tout cas le meilleur moyen d'éviter une prise de poids supplémentaire et de majorer l'hyperinsulinisme.

A cette période de la ménopause, la méthode Montignac représente un atout intéressant. Sans restriction aucune, elle est, de tout ce qui peut être proposé, la seule approche nutritionnelle acceptable chez ces femmes, chez qui un régime restrictif serait d'autant moins bien accepté qu'elles ont dans cette période une tendance parfois quelque peu dépressive.

Méthode Montignac

Les différentes rubriques de ce dictionnaire reprennent par le menu tous les éléments qui constituent la méthode, des principes de base aux applications pratiques quotidiennes, en passant par diverses situations physiologiques. Voir également le premier chapitre : « Les buts de la méthode ».

En associant le souci d'efficacité à une bonne acceptabilité, la méthode Montignac apporte une réponse cohérente, fondée sur des données connues de physiologie moderne et elle participe à une réflexion sur l'évolution de notre mode alimentaire contemporain.

Seules les idées forces, spécifiques de la méthode Montignac, seront mentionnées ici.

Il n'y a pas lieu de tenir une comptabilité des calories*.

Aucune pesée des aliments n'est nécessaire.

On n'applique pas des menus tout faits sans comprendre.

Il n'y a pas de restriction quantitative des aliments. La méthode est sélective et non restrictive.

On mange à sa faim, d'où l'absence de frustration : c'est une méthode et non pas un régime.

Les protéines végétales* sont réhabilitées.

C'est le concept d'index glycémique* qui est utilisé pour le choix des glucides*.

Les acides gras insaturés* sont privilégiés pour assurer une prévention des maladies cardiovasculaires.

Les propriétés des fibres*, notamment solubles, sont utilisées pour favoriser la perte de poids.

Elle induit une alimentation variée comportant toutes les catégories d'aliments ; de ce fait, elle est équilibrée tant pour les macronutriments que pour les micronutriments.

L'obèse n'est pas marginalisé : la méthode est applicable partout, chez soi comme au restaurant ; elle est conviviale.

La méthode concilie diététique et gastronomie, d'où une bonne acceptabilité et un meilleur suivi.

Elle ne fatigue pas et ne rend pas morose ; elle permet de retrouver une meilleure vitalité et un sommeil plus réparateur.

Elle s'oppose aux mauvaises habitudes alimentaires* (de type nord-américain) qui s'implantent de plus en plus dans notre monde contemporain.

Micro-ondes (four à)

La cuisson d'un aliment au four à micro-ondes s'effectue par friction des molécules d'eau qu'il contient. La chaleur produite se transmet par conduction, ou plus exactement par échange thermique.

Connaissant l'extrême sensibilité des vitamines*, la question est posée, sans être résolue pour l'instant, de connaître le devenir des vitamines après un tel traitement. Il en est de même pour l'intégrité de la structure spatiale des protéines, qui serait modifiée.

Dans le doute, il convient d'être prudent et de faire en sorte que le micro-ondes soit plus un appareil d'appoint pour réchauffer plutôt qu'un instrument utilisé systématiquement pour toutes les cuissons domestiques. C'est pourquoi l'utilisation trop fréquente du four à micro-ondes en tant que chauffe-biberon est condamnable. D'ailleurs le micro-ondes ne stérilise pas le lait, contrairement à une cuisson normale.

Néoglucogénèse

Pour maintenir la glycémie* autour du taux idéal de un gramme par litre, l'organisme fait appel successivement à deux sources d'approvisionnement. La première est le glycogène* du foie et des muscles. La deuxième consiste en une transformation des graisses de réserve en glucose : c'est la néoglucogénèse, c'est-à-dire la formation nouvelle de glucose.

L'insuline inhibe la néoglucogénèse.

Neuroleptiques

Ils provoquent une baisse de l'activité physique et donc une diminution des dépenses énergétiques. Mais surtout, par l'intermédiaire d'une action sur le système sérotoninergique, ils augmentent la prise alimentaire et notamment l'attrait pour les sucreries. Ils renforcent également le stockage des graisses dans les adipocytes*. D'où le risque de prise de poids lorsqu'on prend ce type de médicaments.

Nitrates

Le problème posé par les nitrates, contenus dans les nappes phréatiques et provenant des engrais azotés ou phosphatés utilisés en agriculture, est qu'ils se transforment en nitrites sous l'effet de certaines bactéries.

Ces nitrites donnent à leur tour des nitrosamines dont les effets cancérigènes ont été démontrés. Par exemple, les nitrites ont longtemps été utilisés comme conservateurs en charcuterie. Leur emploi ayant diminué de 75 p. 100, la fréquence du cancer de l'estomac a baissé de 66 p. 100. De même, certaines bières contiennent des nitrosamines responsables de cancers digestifs.

Les normes à ne pas dépasser concernant la teneur en nitrates des eaux ont d'abord été fixées à 30 milligrammes par litre puis à 50. En fait, ces valeurs sont largement pulvérisées, jusqu'à 100 milligrammes par litre, dans certains départements français.

Nitrites

Voir *Nitrates.*

Nourriture

Il y a une cinquantaine d'années, la nourriture constituait encore ce qu'elle avait toujours représenté depuis des siècles : la source de vie. Chacun était convaincu que la manière dont il s'alimentait conditionnait l'état de sa santé.

Aujourd'hui, à la suite de la révolution agro-alimentaire* et des multiples dérives alimentaires*, la nourriture est à ce point banalisée que le gaspillage est une insulte quotidienne pour tous ceux qui ont faim.

Nutriments

Les aliments sont composés de nutriments, c'est-à-dire de substances assimilables par l'organisme et destinées à le maintenir en vie.

Ces nutriments peuvent être classés en deux catégories :
– Les nutriments énergétiques ont pour rôle à la fois de fournir de l'énergie et de servir de matière première à de nombreuses synthèses pour la construction et la reconstruction de la matière vivante. Ce sont les protides ou protéines, les glucides*, les lipides*.
– Les nutriments non énergétiques sont nécessaires à l'assimilation et au métabolisme des précédents. Certains servent de catalyseurs aux innombrables réactions chimiques qui les mettent en jeu. Ce sont les fibres*, les sels minéraux*, les oligo-éléments*, les vitamines*, l'eau*.

Obésité

Elle n'existe pas dans la nature ; on n'en trouve quasiment aucune trace dans le règne animal, mis à part chez les animaux domestiques.

C'est d'ailleurs le caractère exceptionnel de l'obésité qui a donné lieu à un véritable culte de la grosseur dans certaines ethnies. Jusqu'à ces dernières décennies, l'obésité était généralement le lot des nantis, dont le niveau de vie leur permettait d'avoir accès à un type particulier d'alimentation. En fait, autrefois, les riches étaient plus gros que les pauvres non parce qu'ils mangeaient plus, mais parce qu'ils mangeaient différemment. Aujourd'hui, c'est plutôt dans les classes sociales les plus défavorisées que se trouvent les obèses et dans les plus riches que se trouvent les gens les plus minces.

En France, actuellement, 25 p. 100 des habitants ont de l'embonpoint* et 3 à 5 p. 100 sont obèses. Aux États-Unis l'importance du phénomène est bien plus marquée puisque 65 p. 100 des Américains sont trop gros, avec 20 p. 100 d'obèses. Il est courant dans ce pays de rencontrer des gens qui pèsent plus de 300 kilos. Le livre Guinness des records signale que le poids maximum atteint à ce jour par un humain est de 620 kilos et qu'il s'agit naturellement d'un individu de nationalité américaine. En dehors de ces cas évidents, l'importance de l'excès pondéral peut être estimée par la formule de Lorentz* ou, mieux, par l'indice de masse corporelle*. Quand ce dernier est supérieur à 30, il y a obésité.

Quand un sujet est obèse, les tentatives pour trouver une cause à son excès de poids sont souvent nombreuses. Ce ne sont pratiquement, sauf rares exceptions, que de fausses explications qui occultent la vérité.

C'est ainsi que les glandes endocrines (thyroïde, surrénales, hypophyse) sont souvent accusées à tort. Quand une anomalie pondérale leur est imputable, cela se produit dans un contexte de maladie avec bien d'autres troubles affectant différents organes.

De même sont suggérées des anomalies enzymatiques responsables d'une formation excessive ou d'une destruction insuffisante des graisses de réserve. Ailleurs encore, ce sont des neuromédiateurs au fonctionnement perturbé comme la dopamine ou la sérotonine qui font figure de bouc émissaire.

En fait, la raison invoquée la plus courante est que, chez le sujet qui prend du poids, il existe un excès d'apports énergétiques par rapport aux dépenses. Là encore, ni l'un ni l'autre de ces deux éléments ne donne d'explication satisfaisante. En ce qui concerne les soi-disant excès d'apports, les statistiques faites en France comme dans tous les autres pays occidentaux sur des populations d'obèses, montrent que seulement 15 p. 100 d'obèses mangent effectivement trop (de 2 800 à 4 000 calories par jour).

En revanche, 35 p. 100 mangent normalement (2 000 à 2 700 calories) et 50 p. 100 mangent peu (800 à 1 500 calories). Des études ont d'ailleurs été publiées montrant que la différence d'apports caloriques est insignifiante selon que les sujets sont maigres, normaux, gros ou obèses.

Quant aux dépenses énergétiques, il est inexact de considérer qu'elles sont diminuées chez l'obèse. Elles sont fonction de trois éléments.

Le premier, qui intervient pour 75 p. 100, est constitué par le métabolisme de base. Il couvre essentiellement les dépenses courantes de l'organisme pour son activité physique et le fonctionnement de ses organes. Il est proportionnel à l'importance de la masse musculaire, laquelle est augmentée chez l'obèse au même titre que la masse grasse. De plus, l'obèse, du fait de son excès pondéral, est conduit à demander davantage de travail à ses muscles. Il dépense donc plus d'énergie. Le deuxième élément, intervenant pour 10 p. 100, correspond à la dépense énergétique nécessaire pour oxyder, stocker et donc métaboliser les aliments. Elle comprend une thermogénèse (ou création de chaleur) fixe et une thermogénèse induite facultative, laquelle permet de dissiper sous forme de chaleur l'excédent d'énergie absorbée en mangeant. En fait, si des troubles de la thermogénèse peuvent exister, ils ne s'observent que chez une minorité d'obèses et ils ne sauraient expliquer la majorité des surcharges pondérales.

Le troisième élément, à l'origine de 15 p. 100 des dépenses énergétiques, est lié à l'activité physique. Or celle-ci n'est pas moindre chez l'obèse par rapport à des sujets de poids normal, sauf en cas de surcharge pondérale massive rendant difficiles les déplacements. En outre, il a déjà été indiqué que, pour une même activité physique, le travail musculaire effectué par l'obèse est plus important. Quand le sujet en excès pondéral n'admet ni apports caloriques excessifs, ni activité physique réduite, une autre fausse explication lui est régulièrement suggérée : l'hérédité*. Or si celle-ci peut constituer un facteur favorisant, elle n'est en aucun cas déterminante.

Ces fausses raisons, en dehors du fait qu'elles n'expliquent rien, ont en outre un inconvénient majeur, à savoir qu'elles contribuent à entretenir l'obésité. Ainsi, quand un sujet est convaincu que son poids dépend de son hérédité, il en résulte souvent une démotivation, une anxiété et un stress supplémentaires, facteurs d'entretien de l'obésité.

Le concept d'apports alimentaires excessifs est à la base des régimes hypocaloriques*, non seulement illusoires et inefficaces comme l'expérience le vérifie quotidiennement, mais également nocifs puisque l'organisme, soumis à de telles restrictions, réagit en fabriquant de nouvelles cellules graisseuses. Ainsi, au lieu de réduire l'obésité, les régimes hypocaloriques la renforcent, lui offrant davantage de cellules adipeuses pour stocker les graisses et lui permettant ainsi de faire de la résistance* à l'amaigrissement.

En définitive, l'obèse fait un énorme progrès dans la connaissance de son excès pondéral et il avance sur le chemin du retour à un poids normal quand il admet que, s'il est trop gros, ce n'est pas parce qu'il mange trop, c'est parce qu'il mange mal. L'abus de sucreries, la préférence pour les produits raffinés, l'excès de graisses, l'intempérance alcoolique et l'insuffisance de fibres sont autant de dérives alimentaires qui peuvent contribuer à déstabiliser le métabolisme aboutissant à la constitution excessive de graisses de réserve et à l'obésité. Si l'on ajoute à ces mauvais choix une répartition anarchique de l'alimentation au cours de la journée, il y a largement de quoi expliquer les excès de poids de nos contemporains. La méthode Montignac*, en réalisant une véritable éducation nutritionnelle*, avec de saines habitudes alimentaires, assure ainsi un retour définitif à un poids normal, avec une vitalité retrouvée.

Simplement, avant de s'attaquer à cette obésité, il est indispensable de faire le point afin de corriger certains troubles liés à l'excès de poids. La recherche de complications cardiovasculaires (mesure de la pression artérielle, électrocardiogramme notamment) est systématique, de même que celle d'un diabète*, d'un hyperinsulinisme, d'une anomalie lipidique (hypercholestérolémie*, hypertriglycéridémie) ou encore d'un excès d'acide urique.

Obésité accordéon

L'étude de l'histoire d'un obèse montre, en général, que l'essentiel de cette surcharge pondérale a été obtenu en plusieurs années, à la suite de la mise en œuvre de régimes hypocaloriques* successifs.

Chaque fois qu'un tel régime est entrepris, le poids évolue en trois phases : amaigrissement, stabilisation et reprise. Mais, à chaque nouvelle tentative, le rendement est de plus en plus faible pour devenir en quelque sorte négatif. En effet, au début, la courbe de poids revient plus ou moins à la valeur de départ ; puis, au fur et à mesure qu'on avance dans le temps, il y a un gain supplémentaire de poids.

Tout déficit calorique peut en effet faire baisser les dépenses métaboliques de plus de 50 p. 100, mais, en revanche, tout retour à la normale, même bref, s'accompagne d'une reprise de poids. Et plus l'écart est grand entre le régime et l'alimentation habituelle, plus la reprise pondérale s'effectue rapidement. C'est ainsi que, avec ces variations de poids en yo-yo, se développe une obésité accordéon.

Aussi pour avoir voulu obstinément perdre cinq kilos, alors qu'elles étaient stabilisées à ce niveau-là, certaines personnes se retrouvent, quinze ans plus tard, avec une surcharge pondérale de trente kilos, tout en étant complètement sous-alimentées. Outre ses effets pervers sur l'équilibre pondéral, la répétition de régimes hypocaloriques aboutit à des fluctuations pondérales qui sont par elles-mêmes facteur de maladies cardiovasculaires.

Obésité androïde

Cette variété d'obésité prédomine sur le haut du corps : visage, cou, thorax, abdomen au-dessus du nombril. Elle prédispose aux complications métaboliques (diabète, hyperinsulinisme, hypercholestérolémie, hypertriglycéridémie) et cardiovasculaires (hypertension artérielle, maladies coronariennes). Elle entraîne également un risque plus important (six fois plus) de cancer du sein car cette graisse accumulée dans la partie supérieure du corps provoque davantage de modifications hormonales.

Les cellules graisseuses* sont gonflées par un excès de graisse mais leur nombre est souvent normal. Une diététique correcte permettra de mobiliser cette graisse qui pourra s'éliminer, redonnant à ces cellules leur taille normale.

Obésité gynoïde

La graisse prédomine dans la partie inférieure du corps, au niveau de l'abdomen dans sa partie sous-ombilicale, ainsi qu'aux hanches, aux cuisses et aux fesses. Les anomalies métaboliques (diabète, excès de cholestérol et de triglycérides) y sont rares. En revanche, il existe souvent une insuffisance veineuse ainsi qu'une arthrose des genoux ou des hanches.

Cette forme d'obésité touche principalement les femmes. La cellulite* y est fréquemment associée.

Obésité rebelle

Bien qu'ayant changé vos habitudes alimentaires*, bien qu'ayant une activité physique suffisante et une motivation sans faille, bien qu'étant dans un environnement favorable, si votre poids ne diminue pas, il convient de vous poser quelques questions.

Tout d'abord, si la balance accuse le même poids alors que la silhouette s'affine, c'est que du muscle est en train de remplacer la graisse et l'amaigrissement va bientôt se produire. Il faut persévérer.

Sinon, il faut bien vérifier qu'il n'y a pas de faute dans l'application de la méthode, que la phase I* est faite correctement et intégralement. Il n'est pas possible d'obtenir des résultats en n'en prenant que quelques éléments intéressants et en négligeant le reste.

Le stress, l'anxiété peuvent expliquer la stabilité du poids. Il faut apprendre à les gérer en pratiquant le yoga, la relaxation ou la sophrologie, tout en essayant de résoudre les problèmes responsables. Il faut dépister la prise de médicaments qui, par leur action métabolique, peuvent gêner l'amaigrissement.

Surtout, il ne faut pas fonder d'espoirs sur une pilule miracle. Seules les modifications des habitudes alimentaires permettent d'obtenir un résultat valable et durable.

Œstrogènes

Voir *Estrogènes*.

Oligo-éléments

Métaux ou métalloïdes présents dans l'organisme en très faible quantité, les oligo-éléments agissent comme catalyseurs des réactions biochimiques de l'organisme. Ce sont des intermédiaires qui activent les enzymes et en l'absence desquels les réactions chimiques ne peuvent avoir lieu.

Leur présence est donc indispensable, même s'ils n'agissent qu'en quantité infinitésimale.

Parmi ces oligo-éléments se trouvent le fer*, l'iode, le zinc*, le cuivre, le manganèse, le fluor, le chrome, le sélénium*, le cobalt, le molybdène. L'alimentation actuelle est de plus en plus déficitaire en ces substances et les carences sont de plus en plus fréquentes. Seul le retour à une alimentation variée et non restrictive, comme le préconise la méthode Montignac*, permet d'obtenir des apports suffisants pour assurer un fonctionnement optimum de l'organisme.

Ostéoporose

Il s'agit d'une raréfaction de la trame osseuse qui conduit à une diminution de la résistance mécanique de l'os, en particulier lors de l'accomplissement d'activités quotidiennes. Elle provoque des douleurs, mais les fractures en constituent le risque majeur. La mesure de la densité osseuse par densitométrie au scanner ou par absorptiométrie biphotonique permet d'évaluer le degré d'ostéoporose avant la survenue de ces complications.

Schématiquement, on distingue deux types d'ostéoporose.

L'ostéoporose trabéculaire, qui prédomine sur la partie spongieuse de l'os, affecte particulièrement la femme après la ménopause. Elle entraîne des tassements vertébraux, responsables de douleurs du rachis, d'une diminution de taille pouvant aller jusqu'à quinze centimètres, d'une silhouette de plus en plus voûtée.

L'ostéoporose corticale est caractérisée par un amincissement de la corticale des os longs. Ayant une prépondérance féminine moins marquée, elle survient entre soixante-quinze et quatre-vingts ans. Elle donne lieu à des fractures survenant soit spontanément, soit à l'occasion de faibles chocs ou lors de chutes. Le col du fémur et le poignet sont les plus fréquemment concernés.

Chaque année en France, on compte 70 000 tassements vertébraux, 35 000 fractures du poignet, 50 000 fractures du col du fémur. Cette dernière est particulièrement redoutable, car elle est souvent responsable d'une perte d'autonomie et elle est à l'origine de 10 p. 100 des décès. Plusieurs facteurs favorisant la survenue de l'ostéoporose ont été identifiés. Il est sûr qu'intervient une composante génétique : ainsi, une femme dont la mère a eu de multiples tassements vertébraux est plus exposée. De même, des facteurs raciaux semblent jouer un rôle, les sujets de race noire étant moins touchés par l'ostéoporose que ceux de race blanche ou jaune.

Les hormones ont un rôle essentiel. Ainsi, chez des femmes âgées de vingt-cinq à trente-cinq ans, on a montré que pour celles qui prenaient la pilule (à base d'estro-progestatifs), la densité osseuse est supérieure d'environ 1 p. 100 par année par rapport à celles n'utilisant pas ce type de contraception. Surtout, la ménopause*, avec l'arrêt des sécrétions ovariennes d'estrogènes*, est marquée par une diminution de la masse et de la densité du tissu osseux, associée à un amincissement des travées osseuses. Le risque est d'autant plus important que la ménopause a été précoce, après hystérectomie totale notamment.

Les femmes particulièrement minces sont plus exposées à l'ostéoporose après la ménopause. En effet, leur faible masse adipeuse ne permet pas aux androgènes d'origine surrénalienne de se convertir en estrogènes qui freineraient la déperdition osseuse.

Certains médicaments, comme la cortisone et l'héparine, favorisent la survenue d'une ostéoporose. Il en est de même du tabagisme qui est responsable d'une ménopause plus précoce (environ d'un an et demi en cas de tabagisme quotidien). Après la ménopause, une alimentation déséquilibrée du fait d'une mauvaise dentition ou de faibles ressources financières, avec peu de protides et de calcium et éventuellement trop d'alcool, le manque de vitamine D (peau amincie, absence d'exposition au soleil) sont des éléments qui vont favoriser la survenue de l'ostéoporose. La sédentarité, l'absence de marche ou l'immobilisation, en raison d'un handicap physique ou d'une fracture, accélèrent considérablement le processus ostéoporotique.

En fait, c'est à l'adolescence* et pendant les premières années de l'âge adulte qu'il faut se prémunir contre l'ostéoporose. Le stock de calcium de l'organisme se constitue pendant les vingt premières années ; le reste de l'existence se poursuit avec ces réserves. Si le régime alimentaire a été pauvre en calcium pendant l'enfance ou l'adolescence, le risque de survenue d'une ostéoporose du troisième âge est plus grand. Le phénomène s'aggrave si la ration en calcium et en vitamine D est encore insuffisante après cinquante ans. Or, qu'il s'agisse d'adolescentes ou de femmes ménopausées, les études montrent que les apports calciques sont très souvent dramatiquement insuffisants alors qu'ils devraient être, à ces deux périodes, d'au moins 1 200 milligrammes par jour. Il faut donc insister sur la nécessité de consommer quotidiennement des laitages (écrémés au besoin) et des fromages pour obtenir un apport calcique correct.

Enfin, c'est également à l'adolescence et chez les adultes jeunes qu'une activité physique intense permettra d'obtenir un squelette plus dense et de protéger ultérieurement de l'ostéoporose. Ainsi, une étude effectuée chez des coureurs de cross d'un âge moyen de cinquante-cinq ans a révélé une augmentation de 20 p. 100 de la masse des os longs et de 10 p. 100 de celle de la colonne vertébrale. L'os apparaît plus sensible à la fréquence de l'exercice physique qu'à son intensité.

En dehors des mesures générales préventives à prendre dès l'enfance et l'adolescence, à savoir apports de calcium suffisants et activité physique régulière, les moyens pour lutter contre l'ostéoporose à la ménopause et au-delà sont les suivants :

D'abord et encore des mesures préventives : ration calcique correcte (donc supérieure à celle consommée habituellement en France), lutte contre la sédentarité grâce à une activité physique modérée et sans risque de traumatisme, de préférence en plein air pour bénéficier de l'ensoleillement.

Il convient ensuite de veiller à ce que l'alimentation soit diversifiée et suffisamment riche :

– En phosphore, de l'ordre de 1 500 milligrammes par jour, apportés par les laitages ;

– En oligo-éléments qui interviennent dans le métabolisme osseux comme le magnésium*, le manganèse, le cuivre, le zinc, le fluor ;

– En vitamine C, B6, K et D dont les carences provoquent ou aggravent une ostéoporose. Pour ce qui concerne la vitamine D, elle peut être fabriquée par l'organisme grâce à l'exposition solaire et apportée grâce aux lipides de l'alimentation.

A propos des lipides, il a été montré que l'huile d'olive, riche en acides oléique et linoléique, a un effet protecteur sur l'os que ne peuvent pas revendiquer les autres huiles ni les graisses animales.

En revanche, le sodium ne doit pas être pris en trop grande quantité car il risque de favoriser une perte calcique urinaire, comme le fait également un excès de protéines. Trop de vitamine A peut aussi favoriser l'ostéoporose, alors que le bêta-carotène n'a pas cet effet négatif.

Il faut aussi éviter la consommation excessive de certains aliments riches en acide oxalique qui vont piéger le calcium sous forme d'oxalates : c'est le cas du cacao, du chocolat, des épinards, de l'oseille, du céleri-rave, des betteraves, de la rhubarbe, des figues et des groseilles.

Pancréas

Il s'agit d'un organe essentiel puisque c'est lui qui sécrète, par les cellules bêta des îlots de Langerhans, l'insuline*. Et cette hormone a pour fonction de faire baisser la glycémie* quand elle s'élève au-dessus de 1 gramme par litre.

Normalement, la quantité d'insuline fabriquée par le pancréas est directement proportionnelle à l'importance de l'hyperglycémie. La consommation d'aliments très hyperglycémiants (mauvais glucides*) contraint le pancréas à produire une quantité importante d'insuline pour rétablir le niveau de glycémie.

En cas de dysfonctionnement, le pancréas réagit à une forte hyperglycémie par la sécrétion d'une dose excessive d'insuline : c'est l'hyperinsulinisme*, responsable indirectement de la constitution excessive de graisses de réserve et de certains accès de fatigue (par hypoglycémie secondaire).

L'un des buts de la méthode Montignac* et principalement de la phase I* est de faire retrouver au pancréas, anormalement sollicité pendant des années par une consommation excessive d'aliments hyperglycémiants, un fonctionnement correct.

Pectine

Fibre alimentaire* soluble, la pectine se trouve essentiellement dans les fruits, en particulier dans les pommes*. Sa consommation permet de faire baisser la glycémie, donc de minimiser la stimulation insulinique du pancréas*. Elle permet aussi d'améliorer le taux de cholestérol*.

Personnes âgées

Chez les personnes âgées, les problèmes sont davantage liés à des déséquilibres alimentaires et à des carences, notamment du fait de ressources financières insuffisantes ou de mauvaises dents, plutôt qu'à un excès de poids. Seuls ont besoin d'un amaigrissement les sujets âgés dont le poids excessif entraîne des difficultés pour se déplacer ou ceux souffrant d'une arthrose des hanches ou des genoux. Un amaigrissement est également nécessaire en cas de diabète, d'affection coronarienne, d'hypertension artérielle sévère, d'insuffisance cardiaque ou respiratoire.

Quel que soit leur poids, les personnes âgées peuvent bénéficier de la méthode Montignac* qui leur est tout à fait adaptée. Il importe simplement de bien appliquer certains principes.

En premier lieu, il ne faut pas manger moins sous prétexte que l'activité est moindre : les besoins énergétiques ne diminuent pas avec le vieillissement. Il faut un apport suffisant en protéines*. La règle selon laquelle il faut absorber 1 gramme de protéines par kilo de poids corporel et par jour, avec un minimum de 60 grammes, reste valable chez les personnes âgées. Toute carence protéique contribuera à une fonte des muscles, accentuant ainsi les difficultés liées à la marche. Elle favorise aussi les infections et retarde les processus de cicatrisation (ulcères variqueux, escarres). Pour les personnes peu argentées ou n'ayant plus de dents, il faut se rappeler que deux œufs ou un demi-litre de lait apportent autant de protéines que 100 grammes de viande ou de poisson.

Il faut un apport suffisant de calcium*, de l'ordre de 1 500 milligrammes par jour surtout chez la femme afin de prévenir l'ostéoporose*, cause de fractures du col du fémur ou de tassements vertébraux.

Des laitages* et fromages* doivent donc figurer trois à quatre fois par jour dans l'alimentation des sujets âgés.

Il faut un apport suffisant de micronutriments*. Les fruits et les légumes sont source de fibres alimentaires* qui luttent contre la constipation* et apportent ces micronutriments.

Il faut notamment du fer*, dont le déficit est cause de fatigue, d'anémie et d'infections ainsi que du sélénium*, de la vitamine E*, du bêta-carotène* et de la vitamine C* qui freinent le processus de vieillissement en luttant contre les radicaux libres*.

Enfin, les apports de liquide doivent être suffisants, d'au moins 1,5 litre d'eau par jour. Il peut également être consommé du thé, de la tisane, du chocolat sans sucre, de la chicorée, du jus de soja et surtout du lait écrémé. Le vin* rouge riche en tanins, constituant un bon protecteur vasculaire, peut être pris à la dose d'un à trois verres par jour, mais pas plus.

La personne âgée oublie trop souvent de boire, d'où sécheresse de la peau, constipation et déshydratation aiguë en cas de maladie.

Pesticide

Depuis le DDT (dichloro-diphényl-trichloréthane), découvert en 1939 et interdit il y a une trentaine d'années, car se révélant très dangereux s'il est inhalé ou surtout avalé, les pesticides n'ont cessé de se multiplier. Ils sont partout : dans l'eau des rivières, dans les sols. Les poissons, les oiseaux, tous les animaux sauvages en recèlent. Tous les produits végétaux vendus dans les supermarchés en contiennent des taux parfois intolérables.

Avec le DDT comme avec la plupart des pesticides, des séquelles inquiétantes ont pu être observées chez les animaux comme chez les humains et notamment une atteinte des glandes reproductrices (testicules, ovaires). En outre ces produits auraient un risque carcinogène, huit fois plus élevé chez l'enfant que chez l'adulte.

Petit déjeuner

Premier repas de la journée, le petit déjeuner devrait être le plus important. En effet, au réveil le matin, l'estomac est théoriquement vide depuis huit ou neuf heures. Or c'est, aujourd'hui, le repas* le plus négligé, se résumant à une tasse de café ou de thé, bue trop souvent sans le moindre apport d'aliment solide.

Un des principes de la méthode Montignac* est de donner à chaque repas la part qui lui revient et de rendre au petit déjeuner l'importance qu'il avait autrefois. Le petit déjeuner doit être copieux, et pour cela, il convient de lui consacrer le temps nécessaire.

Petit déjeuner (phase I)*

Il doit comporter tout d'abord des vitamines*, car leur absence ou tout au moins leur insuffisance, devenue habituelle dans notre monde contemporain, a une responsabilité importante dans la fatigue. C'est principalement le cas des vitamines du groupe B et de la vitamine C.

Il ne s'agit pas de prendre des vitamines de synthèse, qui sont moins bien assimilées que quand elles se trouvent à l'état naturel dans un aliment. Pour avoir une dose journalière de vitamine B, il suffit de consommer de la levure de bière fraîche, qui est un aliment tout à fait naturel. Une cure de cette levure est à prévoir pendant toute la phase I, puis un mois sur deux : elle contribue à diminuer la fatigue, améliore la dureté des ongles et la tenue des cheveux.

La vitamine C est la deuxième vitamine indispensable. C'est par l'ingestion d'un citron ou d'une orange que le petit déjeuner pourra être commencé. Si le fruit est pressé, le jus est à boire aussitôt, car tout retard entraîne une déperdition considérable des vitamines. Les jus de fruits du commerce, même « pur fruit », ne contiennent pas autant de vitamines. Le kiwi est encore une meilleure solution car il contient cinq fois plus de vitamine C que l'orange dans un volume plus réduit. Quel que soit le fruit consommé, il est impératif de l'ingérer à jeun, quinze à vingt minutes avant tout autre aliment. Ainsi, il peut parvenir rapidement dans l'intestin grêle, sans risque d'être emprisonné dans l'estomac à la suite de l'ingestion d'un autre aliment, ce qui le conduirait à fermenter, d'où l'apparition de troubles digestifs désagréables.

Pour ce qui concerne le petit déjeuner proprement dit, plusieurs formules sont possibles. L'essentiel c'est de faire retrouver au pancréas un fonctionnement normal, en excluant toutes les sollicitations excessives par des aliments hyperglycémiants.

Dans la formule « glucidique », le petit déjeuner est

constitué, sans restriction en termes de quantité, au choix ou en totalité :
– De bons glucides, c'est-à-dire de pain intégral* (ou complet) fabriqué avec l'intégralité des composants du grain de blé, de céréales* complètes (sans sucre ni caramel), de marmelade* sans sucre (qui n'a rien à voir avec la confiture allégée en sucre, et qui contient 100 p. 100 de fruits cuits, de la pectine* et pas de sucre du tout) ;
– De laitages* sous forme de fromage blanc à 0 p. 100 de matière grasse ou de yaourt maigre ; toute forme de graisse (beurre, margarine) ou de laitage entier est exclue ;
– De boissons, à savoir, lait* écrémé, de préférence en poudre afin d'obtenir une plus grande onctuosité lors de sa reconstitution avec un moindre volume d'eau, café* décaféiné (la caféine stimulant la sécrétion d'insuline quand le pancréas est en mauvais état), thé* léger, chicorée, voire café au lait quand il est bien supporté. Ces boissons sont prises naturellement sans sucre blanc raffiné, banni à jamais surtout du petit déjeuner. Les édulcorants* de synthèse peuvent être utilisés avec parcimonie, transitoirement. Car le but est de se désaccoutumer non seulement du sucre mais encore et surtout du goût sucré.

Dans la formule « protido-lipidique salée », le petit déjeuner comporte de la charcuterie*, des œufs*, du fromage*, du poisson*, etc., mais pas de glucides, et donc pas de pain.

Ce petit déjeuner apportant une quantité notable de graisses saturées, ceux qui souffrent d'hypercholestérolémie doivent l'exclure. Cette formule doit de toute façon rester exceptionnelle et être compensée dans la journée par au moins un repas sans graisse, centré sur un bon glucide comme plat principal.

Pour ce qui concerne les boissons, les recommandations faites dans la formule glucidique sont les mêmes.

Il est enfin possible de concevoir un petit déjeuner uniquement avec des fruits excluant banane, salade de fruits en conserve, et fruits confits (à index glycémique* trop élevé), associé à un laitage écrémé (lait, fromage blanc, yaourt).

Petit déjeuner (phase II)*

Rien ou presque n'est changé par rapport à la phase I : Petit déjeuner copieux avec du pain intégral ou des céréales complètes et précédé par un fruit ou un jus de fruits. S'il s'agit de pain intégral ou d'un vrai pain complet il est possible d'y ajouter du beurre ou de la margarine.

A titre exceptionnel, à l'occasion de déplacements ou de petits déjeuners professionnels, il est possible de prendre un croissant ou une brioche.

En revanche, avec un petit déjeuner protido-lipidique salé, il est préférable de continuer à ne pas consommer de pain.

Phase I

Première phase de la méthode Montignac*, elle correspond à la période d'amaigrissement.

Elle dure de un à plusieurs mois selon les individus et les objectifs. C'est le temps nécessaire pour changer les habitudes alimentaires*, c'est-à-dire abandonner les mauvaises, celles qui, pendant des années, ont sollicité sans mesure le pancréas à coups de mauvais glucides* et encrassé les artères avec des graisses* saturées, pour adopter les bonnes habitudes en choisissant de bons glucides et de bonnes graisses.

Cette phase ne comportant aucune restriction du point de vue quantité, elle est facile à supporter. Elle l'est tout particulièrement pour les habitués des régimes hypocaloriques qui vont enfin pouvoir maigrir tout en se remettant à manger.

Non restrictive, la phase I est en revanche sélective puisque certains aliments à base de mauvais glucides (index glycémique* élevé) sont exclus ou consommés d'une certaine manière à un moment particulier de la journée.

Autre caractéristique : les repas sont variés tandis que l'alimentation est équilibrée, riche en protéines*, en fibres* alimentaires, en vitamines*, en sels minéraux* et en oligo-éléments* et choisie en glucides et en lipides.

Phase II

La deuxième phase de la méthode Montignac* est sous le signe de la liberté. Mais liberté ne veut pas dire faire n'importe quoi. Ce n'est pas le retour à la « délinquance alimentaire ».

En effet, il n'est pas question de compromettre les résultats obtenus en termes d'amaigrissement et de regain de vitalité grâce à l'application des principes de la phase I*, autrement dit, il est exclu de revenir aux anciennes habitudes alimentaires*. Les kilos superflus et les accès de fatigue seraient sinon très vite de retour, car les mêmes causes produisent toujours les mêmes effets.

Les principes de la phase I seront donc conservés à jamais mais appliqués avec moins de rigueur. Alors qu'il n'était pas question de faire le moindre écart*, la phase II les permet à condition de les gérer correctement. Il y a de petits et de grands écarts : leur gestion en termes de nature, de fréquence et d'importance est tout un art qui est possible grâce à l'application de certaines règles (voir *Écarts*).

Phytothérapie

Certaines prescriptions pour maigrir sont à base de phytothérapie (traitement par les plantes). En fait, il convient d'être vigilant à leur égard. Les unes contiennent des plantes (pissenlit, bardane, queues de cerises, etc.) dotées d'un effet diurétique* plus ou moins marqué. Or, pour maigrir, il faut perdre de la graisse, pas de l'eau. D'autres contiennent des plantes (laminaires, fucus vésiculeux) agissant sur la thyroïde par l'intermédiaire de l'iode qu'elles contiennent. Mais la glande thyroïde n'est qu'exceptionnellement impliquée dans l'obésité.

Pic glycémique

Après absorption, tout glucide* est métabolisé en glucose*, lequel induit une élévation plus ou moins importante du taux de glucose dans le sang, c'est-à-dire de la glycémie*. Celle-ci s'élève progressivement ; elle passe par un maximum qui se situe toujours environ vingt à vingt-cinq minutes après l'ingestion à jeun du glucide avant de diminuer pour revenir à la normale.

On appelle pic glycémique cette élévation maximale de la glycémie. Il s'agit d'une donnée fondamentale pour chaque glucide puisqu'elle caractérise son pouvoir hyperglycémiant défini par l'index glycémique*.

Alors que la vitesse d'assimilation des glucides, qui avait servi à distinguer des glucides à absorption soi-disant rapide ou lente, est une notion erronée, le pic glycémique est essentiel à considérer puisqu'il caractérise, selon son amplitude et par l'intermédiaire de l'index glycémique, les « bons » et les « mauvais » glucides*.

Pilule

Au cours des années passées, il était difficile de nier que les premières générations de pilules anticonceptionnelles, qui sont un mélange d'estrogènes* et de progestérone*, n'aient pas entraîné de prise de poids.

On est à peu près certain, aujourd'hui, que les pilules de troisième génération, qui sont souvent utilisées actuellement, n'ont quasiment pas d'incidence pondérale, tout au moins chez des femmes déjà minces.

Tout au plus peut-on remarquer, parfois, une majoration pondérale de deux kilos environ durant les six premiers mois. Cette dernière ne correspond pas nécessairement à une accumulation supplémentaire de graisse, mais plutôt à une rétention d'eau additionnelle liée à la prise d'estrogènes. Lorsque la prise de poids est plus tardive, il peut s'agir, en revanche, d'une surcharge graisseuse due aux effets anabolisants de la progestérone.

Cependant il existe un risque de sécrétion excessive d'insuline même avec des pilules de troisième génération. De ce fait, la prise de la pilule par des femmes déjà sujettes à l'hyperinsulinisme*, à l'insulinorésistance* et ayant de surcroît un excès pondéral risque de conduire à une aggravation des troubles métaboliques. La vigilance est donc de bon conseil, surtout chez les adolescentes débutant la prise de pilule avec une surcharge pondérale.

Le respect des principes de la méthode Montignac* est d'autant plus recommandé, dans ce cas, qu'ils ont précisément pour effet de réduire l'hyperinsulinisme.

Plan de trois jours

Le principe consiste à boire, pour maigrir, des liquides parfois encore vendus en pharmacie et qui ne contiennent que des vitamines, des sels minéraux et des oligo-éléments.

Ce « plan » est aussi dangereux que la diète hydrique.

Poids idéal

Il ne doit pas se définir de façon théorique, avec des tables souvent établies par les compagnies d'assurances américaines. Il doit être conçu comme un objectif acceptable, non utopique, pour le sujet qui souhaite maigrir.

Une estimation du poids souhaitable en fonction de la taille peut cependant être faite à partir de la formule de Lorentz* ou, mieux, avec l'index de masse corporelle* ou index de Quetelet. L'avantage de cet index est de ne pas donner de poids idéal, mais de déterminer si le sujet se trouve dans une fourchette de normalité. En outre, il est assez bien corrélé avec la quantité de masse grasse corporelle, l'obésité se définissant comme un excès de cette masse grasse.

Poids yo-yo

Tout régime hypocalorique* retentit sur le poids en trois phases successives : amaigrissement, stabilisation, reprise. Au fur et à mesure des régimes, l'amaigrissement est de moins en moins marqué et la reprise de kilos de plus en plus forte. Cette succession de variations pondérales se traduit par une obésité accordéon* ; c'est le poids yo-yo.

Pollution alimentaire

Afin de fournir les quantités importantes de nourriture dont la société moderne a besoin, de répondre aux obligations de transport et de conservation des aliments, d'assurer une présentation plus attrayante dans un but essentiellement de marketing, de multiples techniques sont employées depuis ces dernières décennies. Mais toutes sont en fait synonymes de pollution alimentaire. Elles altèrent, à des degrés divers, la qualité des aliments ; elles les appauvrissent d'un point de vue nutritionnel, en particulier en vitamines* ; elles peuvent comporter un certain risque de toxicité pour le consommateur, les normes de sécurité en vigueur dans les pays occidentaux n'étant malheureusement pas une garantie suffisante pour la santé. En effet, qui peut affirmer que des doses à priori acceptables ne sont pas capables, à terme, d'entraîner des effets secondaires indésirables ? Combien de produits, considérés au départ comme inoffensifs, se sont révélés toxiques au bout de quelques années ? Enfin, il y a les problèmes de susceptibilité individuelle et le fait que les normes, établies pour des adultes, ne sont pas forcément les mêmes pour les enfants.

Ainsi, les engrais ont des effets indésirables sur la composition des plantes. Les pesticides*, insecticides et herbicides déversés sur les terrains et en partie absorbés par les végétaux, se retrouvent dans les assiettes d'une façon ou d'une autre.

Il n'y a pas que les végétaux qui sont pollués. La viande

a largement son lot de polluants : antibiotiques*, hormones*, bêta-agonistes*.

Il y a encore, qu'il s'agisse d'antioxydants, de colorants, d'émulsifiants, de stabilisants, d'épaississants, de lubrifiants, de solvants et de conservateurs, toute une gamme d'additifs alimentaires*. Certains, comme la vitamine C ou les gommes, ont une certaine utilité. Beaucoup sont à considérer comme nocifs.

La pollution alimentaire, c'est aussi l'ionisation* des aliments utilisée pour leur conservation.

L'élevage industriel concentrationnaire, avec des animaux maintenus dans un espace restreint, à la lumière artificielle, et nourris avec une alimentation de nature quasi chimique, est une autre forme de pollution alimentaire. Une viande flasque, d'une blancheur désespérante, traduit l'état d'anémie avancée de ces animaux. Ces élevages concentrationnaires comportent en outre en permanence des risques d'infection, par exemple par salmonelles*, qui peuvent affecter sérieusement le consommateur en bout de chaîne.

Si chacun fait de cette pollution alimentaire un sujet de préoccupation permanent, il est possible, par des choix individuels appropriés, de lui échapper le plus souvent. Il suffit simplement de prendre en main la gestion de son alimentation et, par conséquent, de sa vitalité.

Polyols

Faisant partie des édulcorants, les polyols sont des sucres-alcools. Ils apportent de 2 à 3,58 calories par gramme, ce qui est loin d'être négligeable puisque, finalement, proche de l'apport énergétique du saccharose* (4 calories par gramme).

Ils sont largement utilisés comme additifs alimentaires, pour édulcorer les confiseries, les chewing-gums, les pâtisseries, les glaces. Ils sont interdits dans les boissons sucrées.

Les principaux polyols utilisés sont le sorbitol, le mannitol, le xylitol, l'isomal et le lycassin.

Leur qualité essentielle est de ne pas être attaqués par les bactéries de la cavité buccale et, de ce fait, de ne pas favoriser la survenue de caries, d'où leur emploi en confiserie. Mais il est interdit d'en donner aux enfants de moins de trois ans.

En dehors de leur apport calorique, ils ont d'autres inconvénients. Peu absorbés par l'intestin grêle, ils arrivent dans le côlon, y fermentent et donnent naissance à des gaz et à des acides gras. Ainsi, les polyols ont un goût sucré mais ils donnent naissance à des lipides après absorption colique.

Enfin, consommés à raison de plus de 20 grammes par jour, ils peuvent provoquer des ballonnements abdominaux et des diarrhées.

Polyphénols

Les vins* rouges, riches en tanins, et le thé* contiennent des polyphénols. Ceux-ci font diminuer le cholestérol*. Ils protègent également la paroi des vaisseaux. Ils ont un effet anti-radicaux libres*. Par contre ils pourraient favoriser un déficit en fer*.

Prise de poids

A l'origine de l'embonpoint* puis de l'obésité*, la prise de poids excessive nécessite la conjonction de deux facteurs : une alimentation hyperglycémiante générant un hyperinsulinisme d'une part, une alimentation hyperlipidique, c'est-à-dire riche en graisses, d'autre part.

Produits allégés

Malgré ce que beaucoup seraient tentés de croire et malgré ce que beaucoup tentent de faire croire, il est faux de dire que les produits allégés font maigrir. Ils ont néanmoins envahi le marché. Les uns sont dits allégés en sucres, les autres en lipides, d'autres encore en calories. En fait, il convient de ne pas se précipiter sur ces produits et d'en étudier attentivement l'étiquetage.

Celui-ci doit comporter, d'un point de vue légal, l'indication en pourcentage de la réduction du constituant. Mais attention, la quantité restante peut être beaucoup plus importante que la quantité ôtée, ce qui fait que le produit n'est guère allégé. L'étiquetage doit mentionner également les autres constituants et la valeur nutritionnelle du produit. A quoi sert de prendre un produit allégé en lipides, si ceux-ci ont été remplacés par de mauvais glucides* ? En outre, une ration suffisante de lipides monoinsaturés et polyinsaturés est indispensable dans l'alimentation et les lipides véhiculent des vitamines liposolubles A, D et E. Seule une diminution des graisses saturées est souhaitable.

De toute façon, l'utilisation de produits allégés n'a de sens qu'intégrée dans une éducation nutritionnelle globale. Consommer de l'allégé d'un côté et continuer à manger des croissants au beurre ou des frites de l'autre est forcément une aberration. Il ne s'agit pas de se donner bonne conscience en choisissant des produits allégés tout en mangeant n'importe quoi par ailleurs.

Progestérone

Deuxième hormone féminine*, la progestérone est susceptible, quand elle est donnée comme thérapeutique (troubles des règles, tumeurs bénignes du sein, ménopause, contraception), d'entraîner une certaine prise de poids, pouvant être de l'ordre de 2 à 5 kilos. Elle est cependant moins marquée qu'avec les estrogènes*. Elle s'explique par un stockage favorisé du tissu adipeux, une intolérance au glucose et une rétention d'eau.

Protéines

Substances organiques d'origine animale ou végétale, les protéines forment la trame des structures cellulaires de l'organisme. Elles sont constituées de nombreux acides aminés* qui en constituent l'élément de base.

La ration journalière de protéines est d'environ 60 grammes chez l'enfant, 90 grammes chez l'adolescent. Un adulte devrait en consommer un gramme par kilo de poids idéal par jour, avec un minimum de 55 grammes par jour chez la femme et de 70 grammes par jour chez l'homme.

Les protéines devraient représenter 15 p. 100 de notre ration alimentaire quotidienne. Une alimentation déficitaire (personnes âgées par exemple) a de graves conséquences sur l'organisme : fonte musculaire, difficultés de cicatrisation, déficits immunitaires, etc.

En revanche, une consommation trop importante, avec une activité physique insuffisante, entraîne la formation de résidus protéiques qui vont se transformer en acide urique dont l'excès est à l'origine de la goutte. Les sportifs de haut niveau peuvent cependant prendre jusqu'à 2 grammes de protéines par kilo de poids et par jour (à condition de boire abondamment) pour augmenter leur masse musculaire.

Une autre réserve est à apporter à la consommation élevée de protéines : elles sont généralement (quand elles sont d'origine animale terrestre) associées à des graisses saturées* à l'égard desquelles il convient d'être prudent.

Protéines animales

Elles se trouvent dans les viandes, les abats, la charcuterie, les poissons, les crustacés, les œufs, le lait, les laitages et les fromages (voir ces rubriques).

A part l'œuf*, aucun de ces aliments ne contient tous les acides aminés de façon équilibrée. De ce fait, un apport protéique reposant seulement sur la viande et les poissons serait notamment carencé en lysine, laquelle se comporterait comme un facteur limitant pouvant gêner l'absorption des autres acides aminés.

En pratique, une personne de 80 kilos devrait prendre chaque jour 40 grammes de protéines animales. Celles-ci pourraient être apportées par exemple par 200 millitres de lait (7 grammes), 150 grammes de poissons (23 grammes), 1 yaourt (5 grammes), 50 grammes de fromage (5 grammes).

Protéines végétales

Présentes dans les céréales*, les aliments complets, les légumineuses, les amandes, les noisettes*, le soja*, les algues*, les protéines végétales ne peuvent, à elles seules, apporter tous les acides aminés dont l'organisme a besoin. Une alimentation avec uniquement des végétaux est déséquilibrée, d'autant que les protéines d'origine végétale ont un coefficient d'utilisation digestive deux fois moindre que celui des protéines d'origine animale.

En pratique, une personne de 80 kilos devrait prendre chaque jour 40 grammes de protéines végétales, soit 50 p. 100 des apports protéiques, qui pourraient être apportées par exemple par 120 grammes de pain* complet (10 grammes de protéines), 15 grammes de cacao (5 grammes), 50 grammes de pâtes* complètes (5 grammes), 250 grammes de lentilles* (20 grammes).

Protides

Voir *Protéines*.

Psychotropes

Médicaments destinés à traiter les divers troubles nerveux, les psychotropes interfèrent sur l'hypothalamus, impliqué dans les mécanismes de la faim et de la satiété et commandant, par l'intermédiaire de l'hypophyse, la plupart des sécrétions hormonales de l'organisme.

La prise de psychotropes a donc une influence sur le poids comme cela est indiqué pour chacun d'eux : antidépresseurs*, neuroleptiques*, anxiolytiques* et tranquillisants*, lithium*.

Psyllium

Graine contenant 80 p. 100 de fibres* solubles, le psyllium fait baisser la glycémie de 22 p. 100 et l'insuline de 50 p. 100. Il améliore également le taux de cholestérol total de 20 p. 100 et celui des triglycérides de 22 p. 100.

Ces effets sont obtenus à condition de prendre 12 grammes de psyllium à chacun des trois repas, mélangés avec la nourriture absorbée.

En fait, il est bien préférable de consommer des aliments riches en fibres, qui contiennent des micronutriments et dont la biodisponibilité a toutes les chances d'être meilleure. En outre, la consommation de ces aliments s'intègre dans un contexte de modifications des habitudes alimentaires* qui seul permet d'obtenir un résultat valable et durable.

Quetelet (Formule de)

Voir *Index de masse corporelle.*

Radicaux libres

L'oxygène est indispensable à la vie, mais son utilisation favorise la production d'atomes porteurs d'un électron libre très instable et très réactif : ce sont les radicaux libres.

Ces radicaux libres sont nocifs pour les cellules et leur action est incriminée dans l'apparition de maladies cardiovasculaires par lésion des parois des vaisseaux, de cancers, de certains rhumatismes inflammatoires et de la cataracte. Elle est également rendue responsable d'une accélération du vieillissement cérébral et cutané.

Il faut donc éviter leur présence en excès, laquelle est

favorisée par l'exposition au soleil, la pollution atmosphérique, le tabagisme et les infections.

D'autre part, il existe des moyens de défense antiradicalaire. Il faut donc veiller à avoir un apport alimentaire suffisant en antioxydants*, c'est-à-dire vitamine E, vitamine C, bêta-carotène, sélénium et zinc qui stimulent les systèmes enzymatiques protecteurs.

Régime

C'est la solution habituellement proposée par les professionnels de la diététique traditionnelle à tous ceux qui ont un excès de poids, des anomalies métaboliques (diabète, hypercholestérolémie, hypertriglycéridémie), une maladie cardiovasculaire...

Le concept de base du régime repose sur les restrictions et les obligations. Par définition contraignants, les régimes sont vite difficiles à supporter. Devenus intolérables, ils ne peuvent être que limités dans le temps. De ce fait, s'ils ont eu quelques effets, ceux-ci disparaissent rapidement avec le retour aux habitudes alimentaires antérieures. Bien plus, les effets peuvent s'inverser du fait de la réaction de l'organisme aux privations qu'il a subies, d'où poids yo-yo* et obésité accordéon*.

Certains régimes dits amaigrissants sont en outre si restrictifs ou si déséquilibrés (régime ananas*, diète hydrique*, plan de trois jours*, etc.) qu'ils induisent de sévères carences et qu'ils mettent en péril la santé de ceux qui les appliquent.

Enfin, les régimes sont appliqués sans explications ; leurs éphémères résultats éventuels de même que leurs échecs sont vécus sans être compris.

La méthode Montignac* s'oppose en tout point aux régimes. Elle n'est ni restrictive ni contraignante. Elle consiste en une éducation nutritionnelle permettant de prendre de bonnes habitudes alimentaires*. L'utilité de celles-ci étant bien expliquée, la méthode est alors appliquée définitivement, sans difficulté. De la sorte, et contrairement à ce qui se passe avec les régimes, les résultats obtenus sont eux aussi stables à long terme.

Régime ananas

L'ananas contenant de la broméline*, laquelle est censée faire fondre les graisses, ce régime consiste à consommer exclusivement, ou presque, de l'ananas. Malheureusement, la broméline est située essentiellement dans la tige, qui n'est pas consommée.

Ce régime, aux carences multiples (en protéines, en acides gras essentiels, en vitamines A et E, en calcium et en sels minéraux) est extrêmement dangereux.

Régime Atkins

Il est avant tout dépourvu de glucides, c'est-à-dire de sucres au sens large. Il comporte la suppression de nombreux légumes verts. En revanche, il est riche en graisses et en protéines animales (viandes, poissons, œufs, fromages).

L'absence de glucides entraîne la formation anormale de corps cétoniques. Il s'agit d'un régime hypergras, d'où le risque d'accidents cardiovasculaires. Il comporte un risque de constipation opiniâtre, de troubles de la vésicule biliaire et d'hyperuricémie. Il est carencé en vitamine C et en sels minéraux. Il fait davantage fondre les muscles que les graisses.

Régime de Beverly Hills

Axé sur les crudités, les céréales et les légumes, il est limité en fruits et il est très pauvre en viandes, volailles et poissons.

De ce fait, il est très carencé en protéines.

Régime dissocié (régime « Antoine »)

Il consiste à ne manger qu'un seul aliment chaque jour, par exemple que des légumes le premier jour, des fruits le deuxième, de la viande le troisième, des laitages le quatrième, etc.

Ce régime est très dangereux en raison des carences qu'il induit car aucun aliment ne contient tous les macronutriments (c'est-à-dire protides, lipides, glucides) ni tous les micronutriments (vitamines, sels minéraux et oligo-éléments) nécessaires pour une journée. Il entraîne une lassitude qui coupe l'appétit. La perte de poids porte plus sur les muscles que sur la graisse et, bien entendu, la reprise de poids est inévitable à l'arrêt du régime.

Régimes hypocaloriques

Il s'agit de l'approche du traitement de l'obésité qui reste la plus classique et courante, bien qu'elle conduise pratiquement toujours à des échecs à terme.

Son principe consiste à comptabiliser les calories pour diminuer les apports alimentaires afin qu'ils soient, en théorie, inférieurs aux dépenses énergétiques. Imaginons un individu qui souhaite maigrir et dont les apports quotidiens sont autour de 2 500 calories. Si sa ration est réduite à 2 000 calories, l'organisme constatant un manque de 500 calories va combler ce déficit en puisant dans ses graisses de réserve, ce qui va induire un amaigrissement. Tout serait donc pour le mieux. Et pourtant, au bout d'un temps variable d'un individu à l'autre, l'amaigrissement va cesser malgré la poursuite du régime hypocalorique. Car l'organisme, confronté à ces apports réduits, a diminué ses dépenses pour les ajuster aux entrées, d'où une stagnation du poids. Bien plus, après ce palier et malgré le maintien du régime, la courbe de poids repart vers le haut.

Paradoxalement, bien que mangeant moins, le sujet grossit. En effet, l'organisme a continué de réduire ses dépenses pour les amener par exemple à 1 700 calories, en dessous des apports qui sont restés à 2 000. Ainsi, il lui est possible de reconstituer ses réserves.

Bien pire, la moindre entorse au régime hypocalorique, lors d'un week-end par exemple, peut faire reprendre d'un seul coup plusieurs kilos, anéantissant les efforts de plusieurs semaines.

Il ne faut pas croire qu'en réduisant davantage les apports caloriques, les résultats seront meilleurs. En dehors du caractère de plus en plus intolérable de telles restrictions, force est de constater qu'il n'y a non seulement pas d'amaigrissement durable, mais plus souvent prise de poids, car l'organisme s'adapte.

Cette prise de poids est particulièrement nette lors de régimes hypocaloriques successifs, entrecoupés de retour aux habitudes alimentaires antérieures parce que, encore une fois, de tels régimes restrictifs ne peuvent être supportés longtemps. Ainsi, en partant par exemple d'un poids stabilisé à 90 kilos avec une alimentation à 3 000 calories, un individu se retrouve quelques années plus tard à 120 kilos alors qu'il ne consomme plus que 1 000 calories. Chaque fois qu'un régime hypocalorique a été institué, il y a eu le même rituel pondéral : amaigrissement, stabilisation et reprise. Ainsi, le sujet a vécu toutes ces années au rythme du poids yo-yo* et de l'obésité accordéon*, tandis que se développait une véritable résistance à l'amaigrissement.

Enfin, il ne faut pas oublier que la réduction drastique des portions alimentaires entraîne obligatoirement des déficits en vitamines et oligo-éléments, qui sévissent déjà dans notre alimentation moderne.

Il est donc aisé de comprendre que ces régimes hypocaloriques n'ont, en définitive, que des conséquences négatives pour ne pas dire néfastes et que cette traditionnelle diététique « basses calories » ne peut être que vouée aux échecs. La restriction calorique pour faire maigrir méconnaît un principe essentiel : ce ne sont pas les calories contenues dans les aliments qui sont responsables des graisses de réserve mais la nature des aliments consommés, c'est-à-dire leurs caractéristiques nutritionnelles*. Un principe de base de la méthode Montignac*...

Régime Hollywood

Fondé sur l'ingestion de fruits exotiques et de fruits secs à volonté, avec parfois des céréales associées, ce régime est dangereux car gravement carencé en protéines d'origine animale.

Régime de la clinique Mayo

Ayant emprunté le nom d'une célèbre clinique américaine où il n'est heureusement pas appliqué, ce régime est en fait de type hypocalorique, avec 600 à 800 calories par jour. Il comporte des menus précis sans sucres ni matières grasses, avec très peu de laitages, peu de légumes et environ six œufs par jour, à suivre scrupuleusement pendant deux semaines.

Ce régime est critiquable sur bien des points. Il n'est pas compatible avec une activité normale ; il est carencé en calcium ; il fait perdre eau et muscles mais ne touche guère à la masse grasse. En outre, l'absence de glucides induit une cétose qui réduit l'appétit.

Surtout, ce régime n'apporte aucun élément de rééducation du comportement alimentaire. Il est d'ailleurs mal réparti dans la journée puisque le petit déjeuner est inexistant. Il risque de favoriser secondairement une conduite boulimique. De toute façon, dès l'arrêt, la reprise de poids est obligatoire et rapide.

Régime minceur

Ces régimes hypocaloriques* proposés par certaines chaînes hôtelières ou par des centres de thalassothérapie ont beau parfois être cautionnés par des chefs cuisiniers célèbres, ce ne sont que des régimes hypocaloriques...

Régime Moron

Il s'agit d'un régime hypocalorique* parfois créateur de cétose (production de corps cétoniques par l'organisme), qui est fondé sur une classification des obèses qui ne tient pas compte des connaissances de la physiologie moderne.

Il s'accompagne en outre fréquemment de la prescription de gélules à base de médicaments suspects (extraits thyroïdiens* notamment).

Régime sans sel

Ayant pour principe de réduire l'apport sodé à moins de un gramme par jour, le régime sans sel n'a plus beaucoup d'indications médicales aujourd'hui. En tout cas, l'obésité n'en est sûrement pas une.

Difficile à réaliser avec l'alimentation normale du commerce, il coupe l'appétit, une nourriture devenue fade n'ayant aucune vertu stimulante.

Surtout, le sel intervient dans le métabolisme de l'eau et non dans celui des graisses. Un régime sans sel peut même se révéler nocif car il favorise parfois l'augmentation du cholestérol.

Régime Scarsdale

Ce régime est proche de celui de la clinique Mayo*. Il comporte simplement moins d'œufs et la viande y est remplacée par du poisson.

Les mêmes critiques lui sont applicables.

Régime Shelton

Reposant sur l'exclusion de certaines associations alimentaires, le régime Shelton est plus destiné à améliorer la digestion qu'à favoriser un amaigrissement.

En fait, il est mal équilibré, hypocalorique, hypoprotidique et carencé en calcium. De plus, il s'appuie sur des principes de physiologie digestive qui sont aujourd'hui périmés.

Régime végétalien

Ce régime, qui ne comporte aucun produit d'origine animale, est dangereux. Il n'est en effet pas possible d'apporter tous les acides aminés* dont l'organisme a besoin uniquement avec des protéines végétales*. En outre, il est carencé en certaines vitamines.

Régime végétarien

Par rapport au régime végétalien, ce régime, s'il est bien fait, est acceptable car il intègre la consommation d'œufs et de laitages.

Régime zen ou macrobiotique

Constitué de céréales cuites à la vapeur, de riz avec des huiles végétales, le régime « zen », sans aucun produit d'origine animale, est carencé en protéines et en calcium.

Repas (nombre)

La règle qui consiste à prendre trois repas par jour, avec des apports bien répartis entre eux, est un des principes fondamentaux de la méthode Montignac*. Elle implique en particulier qu'il ne faut jamais supprimer un repas, car une telle pratique conduit obligatoirement l'organisme à constituer des réserves. Les expériences faites en laboratoire ont parfaitement montré que, pour une même quantité de nourriture quotidienne, les animaux qui n'ont qu'un seul repas deviennent obèses alors que ceux qui reçoivent l'équivalent réparti en cinq à six repas dans la journée, conservent un poids normal.

La méthode implique également de proscrire le grignotage* à l'américaine. Ainsi, le petit déjeuner*, premier repas de la journée, doit être le plus important. Le déjeuner* doit être normal, c'est-à-dire suffisamment copieux pour assurer un bon relais par rapport au petit déjeuner.

Le dîner* doit être le plus léger possible. Les aliments

pris le soir ont en effet plus de risque d'être stockés et de favoriser la prise de kilos excédentaires.

Un goûter est, à la rigueur, envisageable. Il est nécessaire chez l'enfant. Chez l'adulte, il peut être bénéfique à condition qu'il permette d'alléger le dîner. Mais il ne faut surtout pas confondre goûter et grignotage*.

Reprise de poids

Il s'agit d'une conséquence quasi obligatoire des régimes hypocaloriques*. Celle-ci se produit non seulement à l'arrêt de ces régimes, mais même alors qu'ils sont poursuivis.

La reprise de poids est la conséquence des capacités d'adaptation de l'organisme à des apports énergétiques réduits. Son instinct de survie le conduit en effet à réduire ses dépenses de telle façon qu'il puisse reconstituer ses réserves. En outre, ce même instinct l'amène à fabriquer de nouvelles cellules graisseuses*, en particulier chez la femme. De la sorte, le potentiel d'obésité se trouve renforcé, le capital en adipocytes* étant augmenté.

L'alternance amaigrissement-reprise de poids conduit aux obésités accordéon* et au poids yo-yo*.

Résistance à l'amaigrissement

Les causes de résistance à l'amaigrissement sont nombreuses. Une des principales est sûrement la poursuite insensée de régimes hypocaloriques*. En effet, pendant ces périodes de famine, l'organisme peut réagir par une augmentation du nombre de cellules graisseuses*. Il peut ainsi se constituer une obésité de type hyperplasique, laquelle est alors un véritable frein à toutes tentatives nutritionnelles d'amaigrissement.

Certains médicaments ont, parmi leurs effets secondaires, la possibilité de prise de poids, et ils peuvent ainsi constituer une résistance à l'amaigrissement. C'est le cas des psychotropes*, des hormones féminines*, des bêta-bloquants*, des anti-inflammatoires* dont la cortisone*, des fortifiants*.

Le stress* mal contrôlé, l'anxiété* excessive peuvent aussi être à l'origine d'une résistance à l'amaigrissement.

Restauration rapide

Voir *Fast Food.*

Rétention d'eau

Certaines femmes sont victimes d'œdèmes qui prédominent à la racine des membres, dans la région abdominale et même aux mains. Ces œdèmes évoluent par poussées rythmées, la plupart du temps, par le cycle menstruel*. La rétention d'eau maximale se produit avant les règles et elle se manifeste par un gonflement notable des seins et du ventre. La prise de poids imputable à cette rétention hydrique doit être bien distinguée de celle liée à un excès de masse graisseuse. Cette rétention d'eau s'accompagne volontiers de fatigue, d'essoufflement à l'effort, de maux de tête, voire de constipation, pouvant être liés à des troubles veineux, à des anomalies de répartition des liquides et souvent à une hyperestrogénie. Afin de s'opposer à ces phénomènes, il convient, en premier lieu, de limiter la consommation de sel au strict nécessaire, c'est-à-dire 5 à 8 grammes par jour, en évitant tout ce qui en contient naturellement, par exemple la charcuterie. L'alimentation doit être suffisamment riche en protéines*, grâce à une consommation normale de poisson, de viande, d'œufs et de laitages.

Contrairement à ce que font les femmes dans cette situation, à savoir restreindre leurs boissons, il faut boire abondamment. L'eau, de Vittel notamment, est sûrement le meilleur diurétique, d'autant plus efficace qu'elle est consommée en position allongée, ce qui est une pratique courante dans les cures thermales. En revanche, les diurétiques* sont à éviter. En dehors de leurs effets secondaires, leur efficacité est discutable avec, en outre, aggravation du phénomène à l'arrêt. Il en est de même des laxatifs en cas de constipation*. Seule une bonne alimentation peut obtenir un transit intestinal correct.

Les troubles de la circulation veineuse devront en revanche faire l'objet de traitements appropriés. Ceux qui sont à base de vitamine P* (flavonoïdes) sont particulièrement recommandés. Il en est de même de l'emploi d'un lit surélevé, avec la tête plus basse que les pieds, de l'arrêt du tabac et du drainage lymphatique.

Saccharose

Disaccharide constitué de glucose et de fructose, le saccharose n'est rien d'autre que le sucre blanc, en poudre ou en morceaux, extrait de la betterave et de la canne à sucre. C'est évidemment un mauvais glucide* (index glycémique* : 75).

Salmonelles

Les élevages concentrationnaires impliquent en permanence des risques de contamination microbienne dont est finalement victime le consommateur.

L'Organisation mondiale de la santé estime à un million le nombre d'intoxications par salmonelles en Europe en 1988. Au cours de cette même année, les autorités britanniques ont été contraintes de détruire quatre cents millions d'œufs et d'incinérer quatre millions de poulets.

Les salmonelles ne sont éliminées qu'au-dessus de 60 °C. Les œufs à la coque ou au plat à peine cuits représentent donc un réel danger. Les enfants, les vieillards et les femmes enceintes sont les plus menacés.

Sédatifs

Chez l'obèse, ce sont des médicaments à double tranchant. Certains peuvent aggraver l'obésité. D'autres peuvent aider non pas à maigrir mais à lutter contre l'anxiété qui sous-tend ou entretient nombre de troubles du comportement alimentaire.

Sélénium

Antioxydant*, servant à lutter contre les radicaux libres*, le sélénium se trouve dans les huîtres, le foie de poulet, le homard, le porc et le bœuf, les poissons, les œufs, les champignons, les oignons, le pain intégral et complet.

Sels minéraux

Substances essentielles à la vie de l'homme, les sels minéraux participent d'une manière active aux différentes fonctions métaboliques et électrochimiques des nerfs, des muscles, ainsi qu'à la formation de structures telles que les os ou les dents.

Ils peuvent être séparés en deux groupes. Le premier correspond aux macroéléments, c'est-à-dire à ceux dont la quantité nécessaire à l'organisme est relativement importante ; il s'agit du sodium, du potassium, du calcium, du phosphore, du magnésium*.

Le deuxième groupe est constitué par des métaux ou métalloïdes présents dans l'organisme en très faible quantité : ce sont les oligo-éléments* qui agissent comme catalyseurs dans de nombreuses réactions biochimiques de l'organisme. Il s'agit du fer*, de l'iode, du zinc*, du cuivre, du manganèse, du fluor, du chrome*, du sélénium*, du cobalt, du molybdène.

Sevrage tabagique

La crainte de prendre du poids est, même si les risques liés au tabagisme* sont connus, un facteur dissuasif important dans la demande de sevrage tabagique. En effet, dans l'année qui suit ce sevrage, la prise de poids moyenne est de 3 kilos, avec des extrêmes allant de 0,8 à 8,2 kilos. Cette prise de poids est liée à des modifications du comportement alimentaire, dont la plus constante est sans doute l'augmentation de la consommation de sucreries et d'aliments riches en glucides. Elle est également liée à une diminution de la dépense énergétique, par suite des modifications métaboliques dues au sevrage nicotinique.

Pour éviter la prise de poids induite par le sevrage tabagique, il faut appliquer des mesures nutritionnelles précises avec, notamment, une réduction de la consommation de glucides. La pratique d'une activité sportive quotidienne est tout aussi souhaitable, au moins pendant le premier mois.

Sous-alimentation

De régimes hypocaloriques* en régimes de famine, il est tout à fait possible d'arriver à un état de sous-alimentation avec carences multiples en vitamines et en sels minéraux, une situation d'autant plus surprenante à première vue que le sujet a souvent plusieurs dizaines de kilos de surcharge pondérale.

Sport

Selon les sondages, les deux tiers des Français sont convaincus que le sport constitue la meilleure façon de maigrir. Il n'en est rien : il est totalement illusoire de penser perdre du poids par le biais de la seule activité physique, sans modifier ses habitudes alimentaires*.

Si le sport augmente les dépenses énergétiques, la dépense est en réalité beaucoup plus faible qu'on ne l'imagine. Par exemple, pour perdre un kilo de graisse, un homme devrait marcher durant 138 heures et une femme pendant 242 heures. Quelqu'un qui voudrait perdre cinq kilos en quatre mois uniquement en faisant du jogging devrait en faire une heure et demie par jour cinq jours par semaine.

C'est seulement le prolongement de l'effort au-delà d'un certain temps qui permet d'obtenir une perte de poids. Ainsi, une heure d'effort musculaire continu sera beaucoup plus efficace que trois fois trente minutes réparties dans la journée. En effet, au début de l'effort physique, l'organisme utilise le glycogène musculaire, lequel diminue notablement en vingt minutes environ. Ensuite, la moitié de l'énergie dépensée va provenir du glycogène hépatique et l'autre moitié des acides gras libérés par lipolyse à partir des graisses de réserve.

Au bout de quarante minutes d'effort, c'est la totalité de l'énergie qui vient des acides gras, car le glycogène hépatique est épuisé à son tour. C'est à partir de ce moment seulement que commence vraiment l'amaigrissement.

Pour obtenir des résultats, il est donc nécessaire de pratiquer un sport d'endurance tel que bicyclette, jogging, ski de fond, aviron, natation, etc., au minimum trois fois par semaine, en maintenant un effort soutenu pendant au moins quarante minutes. Il est également important de procéder de façon progressive : il ne faut pas prolonger tout d'un coup la durée de l'effort sans entraînement.

La pratique du sport ne peut en outre se concevoir que si le sportif* applique une diététique suivant les principes de la méthode Montignac*, de manière notamment à supprimer tout risque d'hypoglycémie. Faire du sport tout en continuant à manger n'importe quoi n'importe comment est totalement illusoire, en particulier pour maigrir.

Dans ces conditions, l'activité musculaire peut être une aide efficace à la restauration de l'organisme, au renouveau de la vitalité. En effet, la tolérance au glucose est meilleure, l'hyperinsulinisme diminue, et l'hypertension artérielle et l'hypercholestérolémie sont nettement améliorées quand elles existent, en sachant qu'un bilan cardiovasculaire avec électrocardiogramme doit toujours être fait chez un sujet de plus de quarante ans désirant faire du sport. Enfin, l'activité sportive associée aux modifications des habitudes alimentaires va permettre d'accélérer l'amaigrissement si besoin ; surtout, lors de la phase de stabilisation pondérale, elle peut être un élément déterminant pour éviter une reprise de poids.

Sportifs

Un sédentaire ne se nourrira pas de la même façon que quelqu'un pratiquant un sport. Avant la compétition, la consommation de glucides* de faible index glycémique* est recommandée car ils sont immédiatement utilisables par les muscles, ils évitent les accès de fatigue, ils ne nécessitent pas une longue digestion pouvant gêner la pratique sportive, ils ne risquent pas d'être stockés sous forme de graisses, car ils sont rapidement transformés en glycogène.

Ces glucides sont apportés au réveil par des fruits frais, au petit déjeuner par du pain complet et/ou des céréales sans sucre avec laitage écrémé, à midi par un repas protido-glucidique avec du riz complet, des pâtes intégrales, des légumineuses et, juste avant l'activité sportive, par des fruits frais ou secs tels qu'abricots ou figues.

Le sportif doit également penser à boire beaucoup, par petites quantités et fréquemment un mélange d'eau et de fructose. Les boissons pour sportifs vendues dans le commerce doivent être souvent diluées de moitié car elles sont généralement trop concentrées.

Stress

Dans le langage courant, le stress est la réaction d'alarme par laquelle l'organisme répond à ce qu'il ressent comme une agression.

Un régime hypocalorique* trop restrictif car trop draconien et frustrant constitue un stress authentique.

Les troubles du comportement alimentaire liés au stress se manifestent soit pendant les repas, soit en dehors.

Lors des repas, il peut s'agir d'une hypophagie, c'est-à-dire d'une baisse de la prise alimentaire pouvant aller jusqu'à l'anorexie*, ou, à l'inverse, d'une hyperphagie, par exagération de la faim ou de l'appétit, ou encore par recul du seuil de satiété. Les statistiques montrent que 47 p. 100 des hommes et 37 p. 100 des femmes disent manger plus sous l'effet d'un stress tandis que 40 p. 100 des hommes et 58 p. 100 des femmes disent manger moins.

En dehors des repas, le stress peut être à l'origine d'un grignotage*, c'est-à-dire la consommation quasi permanente, sans faim, de petites quantités de nourriture. Ainsi, 68 p. 100 des femmes et 40 p. 100 des hommes avouent qu'ils mangent quand ils s'ennuient.

Le stress est ainsi la porte ouverte à la boulimie* et aux compulsions alimentaires. Il va d'autant plus être un facteur de prise de poids qu'il donne lieu à des modifications de sécrétions d'hormones et de neuromédiateurs qui commandent l'équilibre pondéral de l'organisme. C'est ainsi que le stress entraîne une sécrétion de bêta-endorphines qui diminuent le taux de dopamine et de sérotonine, ce qui ouvre l'appétit. Elles donnent aussi une envie de sucre et augmentent la sécrétion d'insuline*, laquelle favorise la lipogénèse, c'est-à-dire le stockage des graisses. Une hypersécrétion d'hormones surrénaliennes se produit également, conduisant à la lipogénèse.

Pour un sujet voulant maigrir alors qu'il vit en permanence dans une ambiance stressante, une thérapeutique adaptée (relaxation, sophrologie, thérapie comportementale, etc.) doit impérativement être associée aux mesures diététiques.

Substituts de repas

Refuser un aliment normal pour le remplacer par un substitut de repas n'est pas une démarche constructive à proposer à quelqu'un ayant une surcharge pondérale ; c'est, en fait, déplacer le problème en l'occultant.

Celui qui a un excès pondéral voit souvent dans les aliments un ennemi potentiel. Les kilos en trop ne sont-ils pas venus des mauvaises habitudes alimentaires ? Le substitut de repas, en éloignant l'obèse de la nourriture, le fâche encore plus avec elle, au lieu de lui apprendre à se réconcilier.

De plus, dans tous les mécanismes de satiété, intervient le fait de mâcher et d'avoir l'estomac plein. L'absence de mastication* et la consistance liquide de ces préparations ne contribuent pas à calmer la faim. A l'apport hypocalorique s'ajoute une sensation de manque.

Ces préparations ayant rarement des qualités gastronomiques, un sentiment de frustration vient s'ajouter.

Des accidents mortels liés à l'emploi prolongé de diète protéique liquide se sont produits aux États-Unis, malgré le choix de protéines de bonne qualité.

Enfin, à long terme, la quasi-totalité (98 p. 100) des sujets ayant pris ces sachets retrouvent leur poids et même plus les années suivantes.

Sucres

Les glucides* (voir cette rubrique) ont été longtemps appelés hydrates de carbone parce que leurs molécules sont composées de carbone, d'oxygène et d'hydrogène. Ils sont aussi communément désignés sous le vocable général de « sucres ».

Sucre caché

La présence de sucre est évidente dans les bonbons, le miel, la confiture. Mais le sucre se trouve aussi, caché, clandestin en quelque sorte, dans de nombreux aliments à la suite des traitements que leur applique l'industrie agro-alimentaire ou pharmaceutique. Il en est ainsi des biscottes, gâteaux, glaces, sodas, fruits, sirops, céréales de petit déjeuner, yaourts aux fruits, petits pots pour bébés, petits pois en boîte, sauce mayonnaise en tube ou en pot, cornichons en bocaux, saucisses ou jambon, fortifiants ou sirops antibiotiques, etc.

La consommation de sucres cachés ne fait qu'augmenter et leur présence ne fera que croître pour satisfaire le goût du consommateur.

Les polyols*, largement utilisés comme additifs alimentaires, peuvent être rangés dans cette catégorie des sucres cachés, d'autant plus que les produits qui en contiennent sont volontiers et faussement qualifiés de « sans sucre » par les fabricants.

Sucres complexes

A base d'amidon, ces sucres devaient, pensait-on, subir une longue hydrolyse du fait de la complexité de leur molécule. Ils avaient été qualifiés de sucres à absorption lente puisqu'on pensait que leur assimilation digestive était plus longue. Il n'en est rien, puisqu'il a été montré que le pic glycémique* après prise d'un glucide à jeun se produit toujours vingt à vingt-cinq minutes après l'ingestion.

Sucres lents

Cette dénomination correspond à des sucres complexes dont on pensait que l'absorption digestive était lente, leur molécule étant supposée nécessiter une longue hydrolyse.

Il s'agit d'une notion complètement erronée puisque les pics glycémiques* surviennent toujours dans les mêmes délais après absorption d'un glucide, quelle que soit la complexité de la molécule.

Sucres rapides

Pensant que les sucres simples ne nécessitaient que peu de transformation digestive et qu'ils étaient vite absorbés par l'intestin, ils ont été dénommés sucres rapides.

En fait, cette séparation sucres rapides-sucres lents est sans fondement, le délai d'apparition du pic glycémique* étant quasiment constant. Il est regrettable que beaucoup continuent de faire cette distinction, alors que seul l'index glycémique*, avec l'index insulinique*, a un intérêt pour séparer bons et mauvais glucides*.

Sucres simples

Correspondant à des glucides à une ou deux molécules, on pensait que les sucres simples ne nécessitaient que peu de transformation digestive et qu'ils étaient réabsorbés rapidement par l'intestin grêle.

C'est ainsi qu'ils ont été considérés comme sucres d'absorption rapide, à tort puisque tous les sucres, simples ou complexes, ont la même vitesse d'assimilation, comme le montre le délai quasi constant d'apparition du pic glycémique.

Sujets âgés

Voir *Personnes âgées.*

Syndrome prémenstruel

Apparaissant avant les règles pour disparaître avec elles, le syndrome prémenstruel est marqué par une rétention d'eau* accompagnée de fatigue, de maux de tête, de nervosité, d'irritabilité.

Tabagisme

Les fumeurs pèsent en moyenne 3,2 kilos de moins que les non-fumeurs. Cette différence, plus nette chez les femmes, augmente, avec l'âge, l'importance du tabagisme ainsi que la consommation d'alcool.

La nicotine exerce deux types d'action : elle augmente la dépense énergétique (de + 10 p. 100 en 24 heures pour une consommation de 24 cigarettes) ainsi que la thermogénèse post-prandiale par activation du système nerveux sympathique. En fait, le tabac fait « mal maigrir ». Il entraîne une répartition androïde des graisses, comme le montre le rapport entre la circonférence de la taille et celle des hanches, plus élevé chez les fumeurs que chez les non-fumeurs et ex-fumeurs. Or, ce type de répartition est corrélé avec un plus grand risque de maladies cardiovasculaires. Donc, si fumer fait perdre du poids, la répartition des graisses qui résulte du tabagisme annule les éventuels bénéfices qu'on pouvait espérer.

En outre, le tabagisme est préjudiciable au point de vue vitaminique. Ainsi, pour vingt cigarettes par jour, la consommation de vitamine C augmente de 40 p. 100 par rapport à celle d'un non-fumeur. Et une carence en vitamine C laisse le champ libre à l'action des radicaux libres responsables de nombreux cancers. De même, un taux correct de vitamine E permet de lutter efficacement contre les radicaux libres formés par les substances nocives contenues dans la fumée de cigarette.

Thermogénèse

Lorsque nous mangeons, les protides, les glucides et les lipides apportent une certaine énergie. Après un repas, la chaleur émise par le corps augmente.

Le métabolisme énergétique représente l'ensemble des processus d'apports, de mise en réserve et d'utilisation de l'énergie nécessaire au bon fonctionnement du corps.

Mais vouloir assimiler l'organisme humain à une boîte métabolique est trop schématique.

Chez l'obèse, la thermogénèse peut être perturbée par l'insulinorésistance.

Voir *Bilan calorique*, *Calories*.

Tranquillisants

Ce sont des psychotropes* avec leurs possibles inconvénients pour le poids. Comme les anxiolytiques*, ils peuvent augmenter l'appétit...

Triglycérides

Les molécules correspondant à cette variété de lipides sont constituées par l'union d'une molécule de glycérol avec trois molécules d'acides gras. Lorsque le taux de triglycérides sanguins est supérieur à 1,50 gramme par litre, il y a hypertriglycéridémie*, laquelle est un facteur important de lésions vasculaires.

Valeur biologique des protéines

Pour qu'une protéine ait une bonne valeur biologique, il faut que la répartition de ses acides aminés* soit optimale. A part les œufs*, les autres aliments ne répondent pas à ce critère.

Il leur manque en effet un ou plusieurs acides aminés dont l'absence (ou la trop faible quantité) constitue un facteur limitant à l'assimilation des autres acides aminés.

Les protéines d'origine végétale*, qui doivent constituer la moitié des apports protéiques quotidiens, ont un coefficient d'utilisation digestive moins bon que celui des protéines d'origine animale sauf pour le soja* ; leur valeur biologique est donc moindre. Elles ne peuvent suffire à équilibrer la ration protéique journalière, d'où le danger des régimes végétaliens*.

Végétalien

Voir *Régime végétalien*.

Végétarien

Voir *Régime végétarien*.

Vitamines

Elles peuvent être définies comme des composés organiques nécessaires en petite quantité pour maintenir la vie, promouvoir la croissance et permettre les capacités de reproduction de l'homme comme de la plupart des animaux. Aucune réaction chimique de l'organisme ne pourrait avoir lieu sans elles, puisqu'elles interviennent dans des centaines d'enzymes qui jouent le rôle de catalyseurs des réactions biochimiques des cellules de notre corps.

Par leur structure et leur mode d'action, elles constituent un groupe hétérogène. Elles peuvent cependant être classées en deux catégories : les vitamines liposolubles d'une part et les vitamines hydrosolubles d'autre part.

Les vitamines liposolubles, solubles dans les graisses, sont au nombre de quatre, appelées A, D, E et K. Dans la nature, elles sont généralement associées aux aliments gras tels que beurre, crème, huiles végétales, graisses. Elles se trouvent également dans les feuilles des légumes verts frais. Elles ont en commun plusieurs propriétés. Ainsi, elles sont stables à la chaleur et résistent même à la cuisson. Elles sont stockées dans l'organisme, notamment dans le foie, ce qui fait que leur carence éventuelle est longue à se manifester. Elles peuvent être toxiques, surtout les vitamines A et D, si elles sont ingérées en excès.

Les vitamines hydrosolubles, solubles dans l'eau, peuvent être éliminées par les urines si elles sont absorbées en trop grandes quantités. Il s'agit des vitamines C, B1, B2, PP, B5, B6, B8, B9, B12. Chacune a des propriétés particulières, mais elles sont intimement liées entre elles par les différentes réactions cellulaires dans lesquelles elles sont impliquées.

Contrairement à ce que croient les trois quarts des Français (selon un sondage SOFRES de 1986), l'alimentation actuelle ne couvre pas les besoins en vitamines puisque 80 à 85 p. 100 de nos compatriotes souffrent de déficiences. L'apport vitaminique réel est inférieur de 20 à 50 p. 100 aux recommandations. Le déficit est nettement supérieur chez les femmes, d'une part parce qu'elles mangent moins, d'autre part parce que, dans de nombreux domaines, leurs besoins sont supérieurs. Cette situation de subcarence vitaminique n'a finalement rien de surprenant quand on regarde de près l'alimentation actuelle et quand on sait que 37 p. 100 des Français ne mangent jamais de fruits et 32 p. 100 jamais de fibres*. Les produits raffinés et le sucre blanc, qui constituent leurs plats préférés, ne contiennent que bien peu de vitamines. Les conditions de culture moderne, avec le souci de toujours augmenter le rendement, conduisent à produire des légumes, des fruits, des céréales appauvris en vitamines, ainsi qu'en oligo-éléments* et en sels minéraux*.

Du fait de l'allongement du temps passé dans les circuits de distribution et des moyens de stockage et de conservation, il se passe plusieurs jours entre le ramassage et la consommation. Pendant ce temps, les vitamines s'altèrent et le contenu vitaminique devient de plus en plus faible. Arrive alors la préparation avec lavage, trempage, passage à la râpe ou à la moulinette, puis la cuisson*, et même encore ensuite un retour au réfrigérateur avant quelques minutes de four à micro-ondes*. Il est évident que, dans ces conditions, les légumes parvenus dans l'assiette ne contiennent plus la moindre trace de vitamines.

Certains sujets sont plus vulnérables et auront plus volontiers un déficit ou une carence vitaminique.

C'est le cas de la femme enceinte* pour laquelle les besoins sont majorés de plus de 20 p. 100. Aux apports insuffisants peut s'ajouter l'effet négatif des vomissements, d'infections, du surmenage, du tabagisme. Sont tout particulièrement importantes à cette période :

– La vitamine B9* ou acide folique, dont la carence entraîne des anomalies du système nerveux central du fœtus ;
– La vitamine B6, dont le déficit favorise nausées, vomissements, reflux gastro-œsophagien et risque d'influer sur le poids de l'enfant ;
– La vitamine B12, dont le manque, qui peut se voir en cas d'infection urinaire, se traduit par une perte d'appétit, des nausées, des vomissements, des diarrhées, des troubles cutanés, une chute des cheveux, une anémie ;
– La vitamine A, avec le risque de malformations fœtales en cas de carence.

Lors de l'allaitement, les besoins vitaminiques sont d'autant plus importants qu'ils doivent couvrir ceux de l'enfant et de sa mère.

Dans la période du post-partum, de nombreux troubles peuvent être liés à une carence vitaminique tels que chute des cheveux, fatigue (avec ou sans anémie), dépression, crampes, brûlures d'estomac.

Le nourrisson allaité au sein est à l'abri d'un déficit vitaminique. Les laits dits maternisés sont enrichis en vitamines.

Des gouttes de vitamine D sont données quotidiennement.

Cependant une intolérance au lait, des diarrhées, une mauvaise absorption digestive et des infections fréquentes peuvent favoriser le déficit vitaminique.

Chez l'enfant, il faut se méfier de l'exclusion de certains aliments tels que fruits et légumes (carence en vitamine C) ou l'abus de sucreries (manque de vitamine B1).

A l'adolescence*, les risques de déficit vitaminique sont nombreux : alimentation désordonnée (fast-food, etc.), abus de sucreries, adoption de régimes farfelus pour maigrir, tabagisme*.

Ceux qui pratiquent une activité physique intense doivent également avoir un apport vitaminique accru.

L'adoption d'un régime hypocalorique* entraîne des déficits vitaminiques. Certains régimes amaigrissants sont encore plus redoutables.

Les alcooliques ont d'importantes carences en vitamines qui font partie d'un ensemble de problèmes nutritionnels aggravant les symptômes et favorisant la survenue d'un cercle vicieux. Les altérations créées par les déficits vitaminiques induisent des lésions hépatiques et cérébrales qui majorent les perturbations nutritionnelles et les lésions elles-mêmes. Ainsi l'alcoolisme* donne lieu en particulier à des déficits en vitamines A, E, B1, B6, B12 et en acide folique (B9).

Les personnes âgées*, du fait de leur régime souvent réduit, avec rejet de certains aliments tels que la viande, les œufs, le lait, du manque d'aliments frais, etc., sont souvent carencées en plusieurs vitamines.

En dehors de certaines maladies précises nécessitant un traitement vitaminique, la prise de comprimés de vitamines par les sujets ayant un déficit du fait d'une alimentation déséquilibrée n'est pas justifiée. Il faut d'abord et avant tout supprimer les causes des carences (tabagisme, alcoolisme...) et prendre de bonnes habitudes alimentaires. L'éducation nutritionnelle reste l'objectif prioritaire et aucun comprimé ne peut la remplacer.

Il faut également veiller à conserver la qualité vitaminique des aliments. Pour cela, il convient d'utiliser des produits de première fraîcheur plutôt que des aliments ayant déjà été stockés quelques jours et, en particulier, d'acheter les légumes au jour le jour, au marché ou chez un maraîcher local. Il faut préférer, sauf en cas d'intolérance digestive, les légumes et les fruits crus. Lors de la préparation, utiliser le moins d'eau possible pour le lavage et le trempage, éplucher mince et râper peu. La cuisson doit être aussi peu prolongée que faire se peut ; l'eau ayant servi est à conserver pour faire un potage car elle contient les vitamines hydrosolubles ; la cuisson des légumes à la vapeur est d'ailleurs préférable à celle à l'eau.

Les quantités cuisinées doivent être calculées afin d'éviter d'avoir à accommoder des restes réchauffés après séjour au réfrigérateur. Le lait ne doit pas être exposé à la lumière.

Enfin, les rôtis et les grillades gardent davantage les vitamines des viandes et les produits congelés sont plus riches en vitamines que les conserves.

Vitamine A

Appelée aussi rétinol, la vitamine A, liposoluble, intervient dans la croissance. Elle joue également un rôle dans la vision, principalement nocturne, ainsi que pour l'état de la peau. Elle semble capable d'exercer un effet protecteur à l'égard de certains cancers.

Elle se trouve surtout dans le foie, le jaune d'œuf, le

lait, le beurre, les carottes, les épinards, les tomates, et les abricots.

Elle peut manquer en raison d'un tabagisme, d'un alcoolisme, d'une contraception orale, d'un traitement par barbituriques ou encore d'une hépatite virale. A l'inverse, étant liposoluble, elle peut s'accumuler si elle est prise en excès et donner lieu alors à des phénomènes toxiques.

La carence se traduit par des troubles de la vision nocturne, une sensibilité à la réverbération, une sécheresse de la peau, une intolérance cutanée au soleil, une sensibilité aux infections ORL.

Son précurseur (provitamine A) est le bêta-carotène*. Doté de propriétés antioxydantes* et s'opposant ainsi aux radicaux libres*, il joue un rôle protecteur contre les maladies cardiovasculaires, le vieillissement et les cancers.

Le bêta-carotène se trouve principalement dans les carottes, le cresson, les épinards, les mangues, les melons, les abricots, les brocolis, les pêches, le beurre.

Vitamine B1

C'est la thiamine, vitamine hydrosoluble qui intervient dans le fonctionnement neuromusculaire et le métabolisme des glucides.

Elle se trouve particulièrement dans la levure sèche, les germes de blé, le porc, les abats, le poisson, les céréales complètes, le pain complet.

Un risque de carence existe surtout en cas d'alimentation hyperglycémiante, de diabète, d'alcoolisme, de grossesse, de traitement par diurétiques.

Cette carence provoque fatigue, irritabilité, troubles de la mémoire, manque d'appétit, dépression, faiblesse musculaire. Dans les déficits sévères, en particulier chez l'alcoolique, elle est à l'origine de troubles neurologiques sévères.

Vitamine B2

Également connue sous le nom de riboflavine, hydrosoluble, la vitamine B2 intervient dans le métabolisme des glucides, des lipides et des protides, ainsi que dans la respiration cellulaire et la vision.

Les aliments en contenant sont la levure sèche, le foie, les rognons, le fromage, les amandes, les œufs, le poisson, le lait, le cacao.

La non-consommation de laitages ou de fromages ainsi que l'alcoolisme sont causes de carence.

Celle-ci donne lieu à une dermite séborrhéique, à une acné rosacée, à une gêne à la lumière (photophobie), à une fragilité des cheveux qui deviennent ternes, à des lésions des lèvres et de la langue.

Vitamine B5

Également appelée acide pantothénique, la vitamine B5, hydrosoluble, intervient dans de nombreux métabolismes énergétiques ainsi que dans le maintien de la peau, des muqueuses et des cheveux.

Les sources principales sont constituées par la levure sèche, le foie, les rognons, les œufs, la viande, les champignons, les céréales, les légumineuses.

L'alcoolisme, l'abus des conserves et des surgelés favorisent les carences. Le déficit en vitamine B5 se traduit par de la fatigue, des maux de tête, des nausées, des vomissements, des troubles caractériels, une hypotension orthostatique, une chute des cheveux.

Vitamine B6

La pyridoxine ou vitamine B6, hydrosoluble, intervient dans le métabolisme des protéines, la synthèse de la lécithine et dans une soixantaine de systèmes enzymatiques.

Elle se trouve dans la levure sèche, les germes de blé, le soja, le foie, les rognons, la viande, le poisson, le riz complet, les avocats, les légumes secs, le pain complet. La contraception par pilule, la grossesse, l'alcoolisme sont des facteurs de risque de déficit.

La carence se manifeste par de la fatigue, un état dépressif, une irritabilité, des vertiges, des maux de tête (dus aux glutamates).

Vitamine B8

Appelée aussi biotine ou vitamine H, la vitamine B8 est hydrosoluble. Elle joue un rôle dans le métabolisme des protéines et la fabrication cellulaire.

Elle provient de la flore intestinale et est également contenue dans la levure sèche, le foie, les rognons, le chocolat, les œufs, les champignons, le poulet, le chou-fleur, les légumineuses, la viande, le pain complet.

Une carence peut être favorisée par un traitement antibiotique prolongé et par l'abus d'œufs crus.

Fatigue, manque d'appétit, nausées, peau grasse, chute des cheveux, insomnie, dépression, troubles neurologiques peuvent être la conséquence d'un manque de vitamine B8.

Vitamine B9

C'est l'acide folique, lequel intervient dans le métabolisme des protéines et la fabrication cellulaire ; il est hydrosoluble.

Il y a de la vitamine B9 dans la levure sèche, le foie, les huîtres, le soja, les épinards, le cresson, les légumes verts, les légumes secs, le pain complet, le fromage, le lait, les germes de blé.

Les alcooliques, les femmes enceintes et les personnes âgées sont particulièrement menacés de carence. De nombreux médicaments et la cuisson des aliments peuvent la favoriser.

Le déficit en acide folique est responsable de fatigue, de troubles de la mémoire, d'insomnie, d'état dépressif, de confusion mentale chez le vieillard, de retard de cicatrisation, de troubles neurologiques. Pendant la grossesse, une carence franche en acide folique peut entraîner chez le fœtus la non-fermeture du rachis ou spina bifida.

Vitamine B12

La cyanocobalamine ou vitamine B12, hydrosoluble, intervient dans la fabrication des globules rouges et dans des réactions enzymatiques. Elle contribue au bon état des cellules nerveuses et de la peau.

Foie, rognons, huîtres, poissons en particulier harengs, viande et œufs sont des sources de vitamines B12.

Le déficit survient à la suite de régimes végétaliens* et de carences en cobalt. Les conséquences sont une anémie, un manque d'appétit, une pâleur, de la fatigue, de l'irritabilité, des douleurs neuromusculaires, des troubles de la mémoire et du sommeil, un état dépressif.

Vitamine C

Hydrosoluble, la vitamine C ou acide ascorbique a des rôles métaboliques multiples, tissulaires ou cellulaires. C'est un antioxydant*, qui piège les radicaux libres. Elle participe à la formation du collagène et du tissu conjonctif, ainsi qu'à celle des anticorps. Elle intervient dans la synthèse de la L-carnitine* et la lutte contre le stress*.

La vitamine C se trouve principalement dans les légumes verts, les fruits (dont les agrumes, les kiwis, le cassis), le foie, les rognons. Mais elle est très fragile ; elle s'altère à l'air et elle est détruite rapidement à la cuisson.

Le tabagisme, le stress, les infections traînantes et la non-consommation de fruits et de légumes entraînent une carence.

Ce déficit se traduit par de la fatigue, de la somnolence, un manque d'appétit, des douleurs musculaires, une faible résistance aux infections, un essoufflement rapide à l'effort.

Vitamine D

Le calciférol ou vitamine D joue un rôle dans la minéralisation du squelette et des dents et dans le métabolisme phosphocalcique. Étant liposoluble, elle risque, en cas d'apports excessifs, de s'accumuler et d'avoir des effets toxiques.

La vitamine D se trouve dans l'alimentation : foie, thon, sardine, jaune d'œuf, champignons, beurre, fromage. Elle est également produite à partir de la peau à la suite de l'action des rayons ultra-violets du soleil sur les stérols cutanés. Les carences s'observent en l'absence d'exposition au soleil en particulier chez les personnes âgées qui ne sortent pas ou après abus de crème solaire écran total. Les conséquences de ces carences sont le rachitisme chez l'enfant, une ostéomalacie (plus une ostéoporose) chez les personnes âgées.

Vitamine E

Liposoluble, la vitamine E ou tocophérol est un antioxydant*, actif contre les radicaux libres*. De ce fait, elle intervient dans la protection cardiovasculaire et la prévention de certains cancers.

Les huiles, les noisettes, les amandes, les céréales complètes, le lait, le beurre, les œufs, le chocolat noir, le pain complet constituent des sources de vitamine E.

Sa carence entraîne fatigabilité musculaire, risque d'accidents cardiovasculaires, vieillissement cutané.

Vitamine K

C'est la ménadione, vitamine liposoluble jouant un rôle essentiel dans la coagulation sanguine.

Elle est fabriquée par les bactéries du côlon. Elle se trouve également dans le foie, le chou, les épinards, les œufs, les brocolis, la viande, le chou-fleur.

Parmi les facteurs de risque de carence figurent les traitements antibiotiques de longue durée, l'abus de laxatifs, la prématurité chez le nouveau-né.

Les accidents hémorragiques en sont la conséquence.

Vitamine PP

Cette vitamine hydrosoluble, dite encore vitamine B3 ou niacine, ou acide nicotinique, assure de la fourniture d'énergie par oxydo-réduction.

Elle se trouve dans la levure sèche, le son de blé, la viande, le foie, les rognons, le poisson, le pain complet, les dattes, les légumes secs. Elle est présente dans la flore intestinale.

L'alcoolisme, le régime végétalien, l'abus de maïs, certains traitements antiparkinsoniens peuvent provoquer un déficit.

La carence en vitamine PP se traduit par de la fatigue, de l'insomnie, un état dépressif, des lésions de la peau (lucite) et des muqueuses.

Weight Watchers

L'originalité de cette méthode d'amaigrissement repose moins sur des principes diététiques assez classiques (régime hypocalorique*, équivalences entre les aliments) que sur une approche comportementale qui incite les sujets à réfléchir sur leur relation avec leur propre corps et vis-à-vis de la nourriture.

Zinc

Antioxydant*, le zinc s'oppose aux radicaux libres*.

La levure de bière, les huîtres, les légumineuses, les fromages à pâte dure et le foie de canard sont des aliments capables d'en apporter des quantités intéressantes.

LES DIFFÉRENTS ALIMENTS DE A à Z

Abats

Ils ont pour inconvénient d'être particulièrement riches en cholestérol, encore que seulement un quart de la population semble sensible à l'apport de cholestérol alimentaire, et encore faut-il qu'il soit particulièrement élevé. Ils peuvent être aussi contaminés par des polluants (antibiotiques, hormones, béta-mimétiques).

En dehors de ces inconvénients, ils apportent de nombreuses vitamines (A, C, ainsi que toutes celles du groupe B).

Abricot

L'abricot frais apporte 10 grammes de glucides pour 100 grammes. Comme pratiquement tous les fruits où le fructose est majoritaire, il a un index glycémique bas (30). Il est en outre particulièrement riche en vitamine A (2 700 UI pour 1 100 grammes). Il fait partie des fruits à prendre en préambule au petit déjeuner*, ou encore lors d'un petit déjeuner uniquement composé de fruits (et d'un laitage). L'abricot sec est intéressant (particulièrement chez le sportif) par sa richesse en vitamines et sels minéraux, pour un faible volume.

Acesulfate de potassium

Édulcorant intense*, sa dose journalière admissible est de 9 milligrammes par kilo et par jour. Il est stable à la chaleur jusqu'à 150 °C.

Comme tous les produits de ce type, son utilisation n'est pas recommandée car le but n'est pas de supprimer le sucre, mais bien de désaccoutumer du goût sucré.

Agneau

La viande d'agneau contient 50 p. 100 d'acides gras saturés (plus que le porc, le bœuf et surtout le cheval ou les volailles) ; après cuisson et dégraissage, il est possible cependant de réduire la quantité de lipides d'un tiers.

Ail

Il contient de l'ajoene, une substance qui inhibe l'agrégation plaquettaire, une étape clé de la coagulation sanguine. Grâce à cette propriété anticoagulante, l'ail rend le sang plus fluide, participant ainsi à la prévention des thromboses vasculaires.

En outre, l'ail diminue les taux de glycémie, de triglycérides et de cholestérol-LDL. Il fait même baisser la pression artérielle, peut-être par son action diurétique. Enfin, le sulfate de diallyte présent dans l'ail stimule l'immunité, protège l'organisme des agents toxiques et carcinogènes, se révélant efficace notamment dans la prévention des cancers de l'estomac.

Alcools (de distillation)

Par rapport aux boissons à base d'alcools de fermentation (vin*, cidre*, bière*) qui ont une certaine valeur nutritionnelle, les alcools de distillation n'en ont aucune. Ils ne contiennent que beaucoup d'alcool et parfois quelques glucides.

Une boisson titrant plus de 20 degrés crée, à son arrivée

dans l'estomac, une sidération des glandes gastriques dont les sécrétions s'arrêtent et une inhibition de la mobilité digestive. Le pylore reste fermé plus longtemps et le bon déroulement de la digestion est altéré.

Qu'ils soient bus à l'apéritif (anis, whisky, gin...) ou pris comme pseudo-digestifs (cognac, armagnac, calvados, alcools blancs...), ces alcools de distillation sont formellement interdits en phase I* et ils ne sont guère tolérables en phase II*, même à titre exceptionnel, car ils sont trop alcoolisés.

Algues

Riches en protéines, en fibres solubles et en vitamines, elles devraient progressivement obtenir droit de cité sur la table comme condiments ou légumes. Leurs alginates* servent aujourd'hui de base à des additifs alimentaires*.

Ananas

En tant que fruit frais, il a un index glycémique bas (30). Mais vouloir en faire le support exclusif d'un régime amaigrissant (régime ananas*) est très dangereux car source de multiples carences.

Bien entendu, l'ananas en conserve est interdit car beaucoup trop riche en sucre.

Anchois

Comme tous les poissons gras, l'anchois contient des acides gras polyinsaturés*. De ce fait, sa consommation mérite d'être encouragée puisqu'elle a une action bénéfique sur le cholestérol.

L'anchois peut ainsi parfaitement figurer en entrée dans un déjeuner de phase I*.

Apéritif

Il doit être le moins alcoolisé possible. Il faut donc privilégier les alcools naturels de fermentation et condamner les alcools de distillation*, type whisky, gin, vodka, etc.

L'adjonction à un vin blanc ou à un champagne d'une liqueur (comme dans le kir) doit être absolument proscrite. Il en est de même de tous les punchs, portos et autres sangrias. La raison en est simple : sucre plus alcool conduisent à coup sûr à l'hyperglycémie*.

L'apéritif, exclu en phase I*, autorisé à condition de ne pas être habituel en phase II* (repas d'affaires, de famille) peut être constitué par du vin, ou du champagne, ou un équivalent (saumur méthode champenoise, crémant...). Mais sa consommation doit obéir à une règle essentielle, incontournable : il ne doit jamais être pris à jeun. Il faut en effet absolument éviter que l'alcool passe directement dans le sang. Il faut donc fermer préalablement le pylore, sphincter situé entre l'estomac et le début de l'intestin grêle, en mangeant auparavant des protéines et des lipides (cubes de fromage, rondelles de saucisson ou de saucisse sèche) dont la digestion gastrique est longue.

Artichauts

Ils ont deux qualités essentielles : leur index glycémique très bas et leur richesse en fibres.

Aspartam

Édulcorant intense*, sa dose journalière admissible est de 40 milligrammes par kilo de poids corporel. Il n'est stable à la chaleur qu'en deçà de 120 °C pendant 30 minutes au four ou à 150 °C au bain-marie pendant 45 minutes au maximum, ce qui ne permet pas de l'utiliser en pâtisserie. De même, son pouvoir sucrant diminue avec le temps (de 20 p. 100 en 6 mois à une température de 20 °C).

Son utilisation n'est pas recommandée car l'objectif ne

consiste pas à supprimer le sucre mais bien à désaccoutumer du goût sucré.

Avoine

Céréale complète, issue de culture biologique, présentée en flocons, sans adjonction de sucre ou de caramel, l'avoine peut alors entrer dans la constitution du petit déjeuner. Son hémicellulose fait partie des fibres solubles.

Banane

C'est pratiquement le seul fruit frais à index glycémique* élevé (60). Il ne peut donc être consommé en phase I* et il ne peut figurer en phase II* qu'à titre d'écart*.

Barres chocolatées

Il s'agit d'une association de mauvais glucides et de graisses dont l'effet sur le poids ne peut être que mauvais. De plus, consommées souvent en dehors des repas, elles entretiennent la déplorable habitude du grignotage*.

Beignets

Quelle que soit la recette, les beignets sont à exclure de la phase I*. En phase II*, ils peuvent être pris à titre d'écart* : il ne faut pas oublier qu'ils contiennent de la farine (mauvais glucide) et des lipides (huile).

Betteraves

En raison de leur index glycémique* élevé (65), les betteraves ne sont pas autorisées en phase I*. Elles ne sont admises qu'à titre d'écart* en phase II*.

Beurre

Parce qu'il contient une majorité d'acides gras saturés*, le beurre fait augmenter le taux de cholestérol total*, ainsi que celui de cholestérol-LDL*, le mauvais cholestérol. Il contient également du cholestérol, mais le fait de l'ôter ne retire pas les acides gras saturés et leurs effets nocifs. Les beurres allégés contiennent encore de 4 à 65 p. 100 de lipides.

D'un autre côté, le beurre est riche en vitamine A, D et E. Afin de pouvoir bénéficier de ces vitamines, une quantité de 10 à 15 grammes de beurre frais par jour constitue la dose nécessaire et suffisante.

Il faut manger du beurre frais, ou, à la rigueur, fondu sur les légumes. Car, au-dessus de 100 °C, la vitamine A est détruite et au-delà de 130 °C il forme de l'acroléine qui est une substance cancérigène.

Bière

C'est une boisson dont on ne peut faire usage qu'avec une très grande modération. Elle n'a aucune place en phase I*, ni même en phase II*.

Elle est d'abord relativement alcoolisée (40 grammes d'alcool par litre), deux canettes de bière contenant autant d'alcool qu'un petit verre de cognac. Surtout, elle renferme des glucides dont le maltose* (index glycémique 110) qui provoque une forte hyperglycémie, d'où un pic d'insuline qui entraînera volontiers une hypoglycémie réactionnelle majorée par l'alcool.

En outre, de nombreuses études suspectent fortement certaines bières de favoriser les polypes du côlon, les cancers du pancréas, du rectum et de l'œsophage (associées au tabagisme pour ce dernier).

Quant à la bière soi-disant sans alcool, elle contient quand même 6 grammes d'alcool par litre.

Biscottes

Réalisant une association de glucides à index glycémique* élevé (farine blanche, sucre) et de graisses (dont 42 p. 100 sous forme d'acides gras saturés*), les biscottes, contrairement à ce qui est cru le plus souvent, ont plutôt tendance à favoriser la prise de poids.

Globalement, elles ont un index glycémique aux alentours de 90. Mieux vaut donc manger du pain.

Biscuiterie

Associant des glucides à index glycémique* élevé et des graisses, la biscuiterie favorise la prise de poids. L'hyperglycémie* induite par les glucides provoque une sécrétion notable d'insuline qui met les graisses présentes en réserve. En outre, la biscuiterie est souvent source de grignotage.

Bœuf

La viande de bœuf contient 40 p. 100 d'acides gras saturés. La cuisson permet de diminuer cette quantité (entre 0,5 et 5 p. 100) et le dégraissage parvient encore à enlever un peu plus du tiers (37 p. 100) de ces lipides.

Boissons dites « rafraîchissantes »

Entre les sirops, les boissons aux fruits et les boissons aux jus de fruits, sans valeur nutritionnelle, les jus de fruits et les nectars qui contiennent des sels minéraux et plus ou moins de vitamines selon le mode de fabrication et les antioxydants utilisés, il n'y a que l'embarras du choix.

Mais c'est de toute façon un mauvais choix car toutes ces boissons sont beaucoup trop riches en sucre, donc condamnables. Il faut préférer les jus de fruits frais pressés par vos soins.

Boudin noir

Aliment recommandé notamment pour les repas protidolipidiques de la phase I* avec glucides à index glycémique très bas, le boudin noir est en outre intéressant par sa teneur en fer.

Cacahuètes

Comme toutes les graines oléagineuses, les cacahuètes sont riches en protéines végétales, en vitamines A, B et E, ainsi qu'en sels minéraux.

Elles sont riches en lipides (acides gras mono et polyinsaturés) bénéfiques pour le cholestérol sanguin. Mais elles sont également riches en glucides. De ce fait, elles sont déconseillées en phase I*, mais elles peuvent être consommées en phase II*.

Café

On attribue traditionnellement au café un certain nombre de vertus, à savoir des effets psychostimulants, tonicardiaques, diurétiques, broncho-dilatateurs, antalgiques, stimulants sur les mouvements intestinaux. Il augmente en outre l'endurance aux tâches répétitives.

Mais on prête également au café plusieurs défauts. Ainsi, la caféine stimule la sécrétion d'insuline* (d'où risque d'hypoglycémie* et d'hyperinsulinisme*) lorsque le pancréas est en mauvais état. Il est donc préférable de se déshabituer de la caféine et de prendre du café décaféiné. Il a été également montré qu'au-delà de six tasses de café par jour, il se produit une augmentation très nette du cholestérol total* et une baisse légère du cholestérol-HDL*. Mais cet effet indésirable n'est pas dû à la caféine, ce qui fait que le café décaféiné ne constitue pas une solution.

En définitive, une consommation modérée, de l'ordre de trois ou quatre tasses quotidiennes maximum, doit permettre de concilier les bons et les mauvais côtés du café.

Café au lait

Le problème de la digestibilité du café au lait, mal toléré par certaines personnes, peut se résumer de la façon suivante. Le café est digeste, le lait également. Mais, dans le milieu acide de l'estomac, le tanin du café précipite la caséine du lait en grumeaux insolubles qui se prêtent mal à l'attaque des sucs digestifs. C'est la raison pour laquelle la durée de la digestion de ce mélange est alors supérieure à deux heures, alors qu'elle est de trente minutes pour un café noir.

Mais ceux qui aiment le café au lait et qui le supportent bien n'ont aucune raison de s'en priver.

Carottes

Parmi les légumes, les carottes se distinguent par leur index glycémique* élevé (85) ; entrant dans la catégorie des mauvais glucides, elles ne peuvent être consommées en phase I*.

Dans la phase II*, il est possible, à titre d'écart*, d'en consommer (surtout crues), d'autant qu'elles sont riches en bêta-carotène* et en vitamine A*, mais à condition de toujours les accompagner d'un autre aliment contenant beaucoup de fibres*, afin de limiter la montée de la glycémie.

Cassoulet

Comme tous les plats composés, le cassoulet apporte du bon et du moins bon. L'aspect positif se trouve dans les haricots blancs* : teneur élevée en fibres solubles, apport de protéines végétales et, en définitive, malgré une richesse relative en glucides, un index glycémique bas (30).

L'aspect négatif se trouve dans la viande qui est souvent riche en graisses saturées, qu'il s'agisse de bœuf, de porc ou de mouton. Il conviendra donc de privilégier le canard et surtout l'oie dont les graisses sont majoritairement insaturées.

Céréales

Des céréales au petit déjeuner constituent une source de protéines végétales*, de bons glucides, de vitamines, de fer et surtout de fibres*, à condition de prendre des céréales complètes, c'est-à-dire non dépouillées de leur couche extérieure ou péricarpe. Il convient d'être particulièrement vigilant à leur égard, de bien consulter l'étiquetage* puisque, d'un produit à l'autre, la quantité de protéines végétales peut varier du simple au triple (de 5,3 à 14 grammes). De même, le taux de lipides diffère de 1 à 2 p. 100.

Il faut en outre choisir des grains issus de culture biologique, afin d'éviter les résidus d'herbicides, pesticides et fongicides.

Mais il convient d'éviter le riz soufflé, le maïs (cornflakes*) et tous les grains éclatés, maltés et sucrés en raison de leur index glycémique* élevé. Il faut également proscrire les produits contenant du sucre blanc ou roux, de la mélasse, du miel et du caramel.

Compte tenu de ces réserves, les céréales, consommées avec du lait écrémé, constituent un excellent petit déjeuner.

Pour ce qui concerne les müeslis* (sans sucre ajouté) qui contiennent en plus des noix, noisettes, amandes et raisins secs, ils sont acceptables dès la phase I*.

Champagne

A condition, comme tout apéritif, de ne pas être bu à jeûn, le champagne est autorisé en phase II* où il constitue un petit écart*.

Champignons

Contenant beaucoup de vitamines, riches en fibres et à index glycémique très bas, les champignons méritent d'être largement consommés, que ce soit à titre d'accompagnement ou de plat à eux tout seuls.

Chapelure

Escalope, poissons sont souvent servis panés, c'est-à-dire préparés avec une chapelure parfaitement indésirable en phase I*.

Charcuteries

Il convient d'adopter à leur égard une certaine réserve et donc de limiter leur consommation tout particulièrement en phase I* (viande et charcuterie trois fois par semaine par exemple, dont une fois du boudin noir* en raison de sa richesse en fer). En effet les charcuteries contiennent une quantité importante de graisses saturées, variables selon les morceaux et les modes de fabrication ; certaines, si on les choisit bien, sont désormais peu riches en lipides. En outre, celles des grands circuits de distribution sont bourrées d'additifs et elles sont faites avec des viandes souvent de qualité douteuse, provenant de porcs élevés dans des conditions concentrationnaires.

Châtaignes

Leur richesse en amidon leur confère un index glycémique élevé qui interdit leur consommation en phase I*.

Cheval

L'intérêt diététique de la viande de cheval réside dans sa faible teneur en lipides (2 p. 100) et en acides gras saturés (25 p. 100). Mais elle a pu être à l'origine d'infections (trichinose).

Chicorée

Elle a plusieurs avantages qui permettent de la recommander à ceux qui l'aiment : pas d'effet négatif sur la cholestérolémie, la glycémie ou le cœur ; effet légèrement laxatif par stimulation de la sécrétion biliaire.

Chocolat

Le chocolat, à condition qu'il s'agisse d'un chocolat noir riche en cacao (au moins 70 p. 100), est loin d'être aussi peu fréquentable qu'on le dit généralement. Il contient 27 p. 100 de lipides, constitués par le beurre de cacao, lui-même composé de 62 p. 100 d'acides gras saturés (34 p. 100 d'acide stéarique et 28 p. 100 d'acide palmitique) et de 38 p. 100 d'acides gras insaturés (35 p. 100 d'acide oléique* et 3 p. 100 d'acide linoléique*). En fait, la proportion d'acides gras insaturés est même supérieure puisque l'acide stéarique, une fois dans l'organisme, se désature très rapidement pour se transformer en acide oléique. Il y a ainsi, dans le chocolat, 72 p. 100 d'acides gras monoinsaturés qui vont diminuer le taux de cholestérol* sanguin total et augmenter celui de cholestérol-HDL*. Cette action bénéfique est renforcée par la présence de phytostérols.

En plus de son effet hypocholestérolémiant, le chocolat contient également des polyphénols* qui ont un rôle protecteur sur les parois vasculaires. En outre, il contient des sels minéraux, de la vitamine E, des protéines végétales et des fibres.

Enfin, son index glycémique* est bas, à 22.

La seule réserve se trouve dans le fait que le chocolat constitue finalement un mélange glucido-lipidique ; il est de ce fait peu recommandable pour l'obèse en cours d'amaigrissement, donc, d'une façon plus générale, en phase I*.

Choucroute

Il y a d'un côté des choux, légumes* à index glycémique très bas, mais de l'autre de la charcuterie*, souvent riche en graisses saturées. Elle peut être consommée en phase I à condition qu'elle ne comporte pas, en plus, des pommes de terre.

Cidre

Il importe d'être vigilant à son égard : le cidre est en effet une boisson alcoolisée qui contient plus d'alcool qu'il n'y paraît (40 grammes par litre pour du cidre sec à 5°). En outre, il réalise une association sucre alcool, génératrice d'hypoglycémies secondaires.

Le cidre n'est donc autorisé qu'en phase II*, et encore avec prudence.

Citron

Intéressant pour sa teneur en vitamine C, le citron peut être consommé en jus ou encore en assaisonnement des poissons et de salades, à la place du vinaigre.

Cola (boissons au)

Les boissons au cola contiennent de la caféine et surtout beaucoup trop de sucre, d'où les risques d'hyperglycémie et d'hyperinsulinisme, particulièrement marqués avec un tel mélange. Elles sont donc à proscrire

Les formes « light » utilisent des édulcorants, mais elles ont l'inconvénient de pérenniser le goût du sucré, dont l'enfant devrait absolument être désaccoutumé. En outre, elles sont trop riches en acide benzoïque lequel pourrait engendrer un comportement hyperactif anormal.

Compotes

Quelques réserves s'imposent à leur égard. En effet, la cuisson modifie les propriétés gélifiantes des pectines et détruit en partie les vitamines. Il est donc préférable de consommer les fruits crus ou cuits à très basse température (60°C).

Ces réserves se transforment en franche critique quand du sucre a été ajouté aux fruits.

Confiseries

Des glucides à index glycémique* élevé, avec souvent des additifs et une incitation au grignotage : voilà trois raisons d'être très réservé à l'égard des confiseries dont la consommation ne peut s'envisager que très exceptionnellement en phase II*.

Confiture

Riches en fibres et en sucre (saccharose), les confitures ont un index glycémique* élevé (55), mais cependant moindre que pour d'autres mauvais glucides*. Leur consommation ne peut se concevoir qu'épisodiquement et en phase II*. On leur préférera naturellement les marmelades sans sucre.

Coquillages

Peu gras, ne contenant qu'une infime quantité d'acides gras saturés, les coquillages sont autorisés dès la phase I*, à l'exception des huîtres* qui contiennent un peu de glucides et qu'il vaut mieux réserver à la phase II*.

Cornflakes

Le maïs a un index glycémique* déjà élevé (70) que le traitement industriel appliqué pour le transformer en cornflakes augmente encore puisqu'il passe à 85-90. Dans ces conditions, il faut préférer d'autres céréales à meilleur index glycémique pour le petit déjeuner.

Couscous

C'est l'association du meilleur et du pire et son éventuelle consommation dépendra un peu de la composition du mélange.

Du côté positif, se trouvent les pois chiches (index glycémique 30, richesse en fibres*, en protéines végétales*, en sels minéraux, en vitamines) et les légumes. Du côté négatif il y a la semoule (index glycémique élevé) et la viande souvent riche en acides gras saturés, à l'exception de la volaille si elle est préparée sans la peau.

Dans ces conditions, un couscous avec légumes seuls peut être autorisé en phase I* tandis que le couscous avec viande ne peut être envisagé qu'en phase II* à condition que la semoule soit complète.

Crème

Une crème à 30 p. 100 de matières grasses constitue le moins gras des corps gras : elle contient 30 p. 100 de lipides, dont 18 p. 100 d'acides gras saturés. Malgré tout, si on en utilise, préférer les crèmes fraîches allégées.

Crêpes

Mélange de lait, d'œufs et de farine, les crêpes suscitent la méfiance à cause de cette dernière. En effet, les farines* blanches, en dehors du fait qu'elles sont dépourvues de nutriments essentiels à la suite du raffinage, ont un index glycémique élevé (70, pouvant aller jusqu'à 90 pour les farines hyperblanches). Elles ont donc une action hyperglycémiante néfaste. De ce fait, les crêpes sont proscrites en phase I* et elles ne doivent être consommées qu'avec une très grande modération en phase II*, d'autant que le sucre ou la confiture qui y sont ajoutés n'améliorent pas la situation, au contraire ! En phase II, on pourra manger quelquefois des crêpes à condition qu'elles soient faites à base de farine intégrale et sucrées avec du fructose.

Croûtons

Ces morceaux de pains frits ont deux défauts majeurs, l'index glycémique élevé de la farine blanche et les lipides de l'huile. Ils doivent absolument être proscrits, en phase I* notamment.

Crudités

Apportant une quantité importante de fibres*, des sels minéraux et des vitamines d'autant mieux disponibles qu'il n'y a pas eu de cuisson, les crudités constituent de loin l'entrée à privilégier pour le déjeuner. Elles peuvent être assaisonnées avec une vinaigrette normale, dans laquelle priorité est donnée à l'huile d'olive.

Crustacés

Ne contenant que très peu d'acides gras saturés, les crustacés sont autorisés dès la phase I*, à l'exception des langoustines qui contiennent un peu de glucides et qui sont à réserver à la phase II*.

Dattes

Fruits secs, les dattes sont intéressantes par leur teneur en potassium et en calcium. Mais elles ne peuvent être consommées qu'en phase II* en raison de leur index glycémique* élevé (60).

Eau (de boisson)

L'eau est le seul liquide dont l'organisme a un besoin vital. L'eau du robinet a malheureusement un goût pas toujours agréable par suite des traitements qu'elle a subis pour éviter tout risque de contamination bactérienne ou virale et pour limiter sa pollution chimique, d'origine agricole ou industrielle.

Pour rendre l'eau du robinet plus agréable, il faut la laisser reposer (les vapeurs de chlore partent), la boire fraîche ou l'aromatiser (jus de citron, tisane).

Eaux minérales

Ce sont des eaux dotées de propriétés thérapeutiques particulières (ce qui n'est le cas ni des eaux de source ni des eaux de table) et qui proviennent d'une source dont l'exploitation a été autorisée par décision ministérielle.

Pour une consommation quotidienne régulière, il faut choisir des eaux peu minéralisées comme Évian, Volvic, Mont-Raucousou, Perrier.

Édulcorants

Voir première partie.

Épices

Leur consommation et leur diversification doivent être encouragées d'autant que beaucoup de ces épices ont des vertus médicinales ancestrales favorisant notamment la digestion.

Il faut choisir de préférence l'épice vendue entière (racine de gingembre, bâton de cannelle, grain de poivre, gousse de vanille) plutôt que celle vendue en poudre qui s'évente plus vite et qui peut être contaminée par des germes ou des champignons.

Épinards

Ce n'est pas particulièrement par leur teneur en fer que les épinards sont dignes d'intérêt. Si celle-ci est assez élevée, elle est constituée par un fer non héminique, donc relativement mal assimilable.

L'intérêt des épinards est ailleurs, dans leur index glycémique* très bas, dans leur teneur en fibres* et en vitamine C (à condition d'être consommés fraîchement cueillis et de ne pas être inutilement moulinés et triturés).

Farines

Les farines blanches consommées en abondance de nos jours sont des farines raffinées dépourvues de toutes les substances nutritionnelles (protéines, acides gras essentiels, vitamines, sels minéraux, oligo-éléments) et dont les fibres ont été supprimées.

En revanche, leur index glycémique* est de plus en plus élevé avec le raffinage, variant de 70 pour une farine blanche à 90 pour une farine hyperblanche.

Alors que le raffinage suggère une plus grande pureté traduite par la blancheur, il est pour la farine synonyme de dégradation des qualités nutritionnelles. En effet, l'index glycémique, au-dessus de 70 pour les farines raffinées (donc très mauvais) est de 45 pour la farine complète et 35 pour une véritable farine intégrale. C'est cette dernière qu'il faut utiliser, notamment pour le pain*.

Féculents

Voir première partie.

Flocons d'avoine

Voir *Avoine*.

Foie gras

Aliment aux vertus nutritionnelles méconnues, le foie gras contient en fait une proportion importante de graisses monoinsaturées telles que l'acide oléique, qui ont la propriété de protéger le système cardiovasculaire.

Mais étant sucré en raison de la présence de glycogène, le foie gras n'est pas recommandé en phase I*. Les amateurs doivent donc attendre la phase II*.

Fraises

Contenant très peu de sucre, les fraises ne risquent pas de fermenter dans l'estomac. Il n'est donc pas nécessaire de les consommer à jeun comme les autres fruits. Elles peuvent même constituer un dessert en phase II*.

Framboises

Comme les fraises*, les framboises, pauvres en sucre, ne nécessitent pas d'être consommées à jeun. De ce fait, elles peuvent être servies au dessert en phase II*.

Friand à la viande

Cette pâte feuilletée garnie d'un hachis de viande associe de mauvais glucides (la pâte, à base de farine raffinée) et des graisses saturées. Il s'agit donc d'une mauvaise association, à rejeter en tout cas en phase I*.

Frites

Des pommes de terre* dont l'index glycémique* est très élevé (mauvais glucide*) plongées dans de la friture* sont par nature suspectes. Les frites sont de toute façon formellement à rejeter en phase I*. En phase II*, elles peuvent constituer un écart à condition d'être accompagnées de fibres* pour limiter la montée de la glycémie. Elles peuvent donc être prises avec de la salade, mais surtout pas avec de la viande.

Fritures

Elles sont inutiles, antidiététiques et nocives. En cas d'emploi, il convient de respecter les règles suivantes : utiliser une huile de tournesol, d'olive ou d'arachide ; ne pas dépasser la température de 180 °C ; conserver le bain entre deux fritures à l'abri de la lumière et de la chaleur ; renouveler entièrement le bain après huit fritures.

Fromages

Contenant beaucoup de graisses saturées* *a priori* nocives, les fromages sont néanmoins intéressants à cause de leur richesse en calcium*, en vitamine A* et en protéines. Ils doivent donc figurer de ce fait au menu, y compris en phase I*. Il semblerait en outre qu'une partie importante des acides gras saturés forment avec le calcium des sels insolubles mal absorbés au niveau intestinal.

Il est à noter que la teneur en matières grasses affichée sur l'emballage est calculée sur l'extrait sec. Ainsi, un camembert étiqueté à 50 p. 100 de matières grasses mais contenant 50 p. 100 d'eau ne comporte en fait que 25 p. 100 de lipides.

Un fromage est dit allégé quand il contient moins de 30 p. 100 de matières grasses. Cependant il semble préférable, d'un point de vue gastronomique, de consommer une moindre quantité d'un fromage ayant gardé toute sa saveur que de prendre en plus grande quantité un pâle reflet de l'original. Les fromages au lait cru élaborés à partir d'une fermentation naturelle ajoutent à leurs propriétés gustatives d'autres propriétés nutritionnelles dont beaucoup restent encore à découvrir.

Fromage blanc

Même à 0 p. 100 de matières grasses, le fromage blanc doit être consommé en quantité modérée (maximum 200 grammes) dans un repas en phase I*. Il contient en effet dans le petit lait une proportion non négligeable de glucides, susceptibles de faire monter la glycémie de façon excessive.

Fruits avec amidon

Il s'agit des châtaignes et des bananes. Leur index glycémique* élevé (60) ne permet pas leur consommation en phase I*.

Fruits en conserve

Ils constituent une aberration diététique car, d'une part ils sont sucrés industriellement (saccharose), d'autre part ils ont perdu la plus grande partie de leurs vitamines. Ils sont donc à rejeter, même en phase II*.

Fruits cuits

La cuisson réduit leur teneur en vitamine et altère les pectines*. Cependant, certaines marmelades* sans sucre contiennent de la pulpe et de la pectine. Il n'est pas impératif de consommer les fruits cuits à jeun comme les fruits frais car le risque de fermentation dans l'estomac est nul.

Fruits frais

Ils apportent de l'eau et contribuent ainsi à notre hydratation. Selon l'origine du fruit et selon le stade de mûrissement, la teneur en glucides évolue. L'index glycémique*, élément fondamental, est fonction de la répartition entre les différents glucides (glucose*, saccharose*, fructose*) qu'ils contiennent. Quand le fructose est majoritaire, l'index glycémique est bas (environ 30), ce qui est le cas de la plupart des fruits frais. Enfin, ils sont riches en fibres*, en sels minéraux et ils constituent une source essentielle de vitamines.

Les fruits doivent être consommés à jeun. De la sorte, ils ne séjournent pas dans l'estomac et ils passent dans l'intestin grêle où se fait leur digestion. Lorsqu'ils sont pris à la fin du repas, le pylore étant fermé, ils séjournent dans l'estomac où ils fermentent, d'où risque de ballonnement, et ils perdent une grande partie de leurs vitamines.

L'idéal est donc de consommer les fruits frais au réveil, avant le petit déjeuner. Il est également possible de consommer des fruits en milieu de matinée en cas de prise précoce du petit déjeuner, au goûter ou le soir vers minuit pour ceux qui se couchent tard.

En définitive, il est recommandé de consommer 200 à 300 grammes de fruits frais par jour... des fruits frais, pas de ceux où une longue période sépare cueillette et conservation.

Fruits oléagineux

Ce sont les amandes, les avocats, les cacahuètes, les noix, les noisettes, les pistaches, les olives. Ils contiennent une dose notable de protéines et de lipides mais aussi de glucides. Ils sont particulièrement riches en vitamines et en sels minéraux. Souvent glucido-lipidiques, ils sont à éviter en phase I*.

Fruits secs

Riches en vitamines et en sels minéraux pour un faible volume, les fruits secs (dattes, figues, pruneaux, abricots, raisins) peuvent être consommés en phase I* avant ou pendant une activité sportive.

Germe de blé

Très riche en vitamines, sels minéraux et acides gras essentiels, le germe de blé est éliminé lors de la mouture conduisant aux farines* raffinées. Il est conseillé d'en prendre avec un laitage au petit déjeuner.

Gibier

Les gibiers peuvent parfaitement figurer en phase I* dans les repas protido-lipidiques avec glucides à index glycémique très bas.

Glaces

Leur index glycémique élevé ne les autorise pas en phase I* et nécessite des réserves pour la phase II*.

Glycyrrhizine

Cet édulcorant intense* non nutritif d'origine végétale est utilisé dans le pastis sans alcool. Mais il est dangereux car, extrait du réglisse, il provoque, en cas de forte consommation, une baisse du potassium, une hypertension artérielle, des œdèmes.

Graines germées

Par rapport aux mêmes graines avant germination, les graines germées ont une teneur en vitamines, oligo-éléments et minéraux multipliée parfois plus de dix fois. Elles peuvent être consommées à la dose d'une cuillerée à soupe par jour, par exemple dans les crudités ou la salade. Elles sont faciles à assimiler car elles contiennent leurs propres enzymes de digestion.

Graines oléagineuses

Voir *Fruits oléagineux.*

Graisse d'oie

Son intérêt vient de sa richesse en acides gras mono et polyinsaturés* (acide oléique) et de la possibilité qui en résulte de faire baisser le cholestérol.

Gratin dauphinois

Les pommes de terre ont un index glycémique* élevé. Leur préparation sous forme de gratin dauphinois (en raison du mode de cuisson) augmente encore cet indice jusqu'à 95, c'est-à-dire proche de celui du glucose*. Il s'agit donc d'un aliment à proscrire, y compris en phase II*.

Haricots blancs

Leur richesse en protéines végétales et en glucides, leur teneur en fibres solubles responsable notamment de leur faible index glycémique* font des haricots blancs un aliment particulièrement intéressant.

Huiles

L'intérêt des huiles sur le plan nutritionnel dépend de leur composition en acides gras.

Pour ce qui concerne les huiles de première pression à froid, elles sont théoriquement un peu plus riches en acides gras essentiels et en vitamines A, D et E. En fait, elles gardent toutes les impuretés (insecticides, pesticides) et, en dehors de l'huile d'olive, elles sont très fragiles à la lumière, à la chaleur et à l'air. Il convient de les conserver dans un flacon opaque bien fermé au réfrigérateur. Si ces impératifs ne sont pas respectés, des peroxydes toxiques, source de radicaux libres, apparaissent rapidement.

En pratique, seule l'huile d'olive, plus stable, pourra être achetée en première pression à froid, sans risque de détérioration.

Huile de colza

Elle est très riche en acides gras insaturés : 92 p. 100, dont monoinsaturés 62 p. 100, polyinsaturés 30 p. 100. Elle est riche en acide alpha-linolénique*.

Huile d'olive

Elle contient 85 p. 100 d'acides gras insaturés* (monoinsaturés : 73 p. 100 ; polyinsaturés : 12 p. 100). Il est recommandé de prendre de préférence une huile de première pression à froid, plus fruitée et plus riche en vitamines.

Huile de maïs

Elle renferme 87 p. 100 d'acides gras insaturés*, avec 32 p. 100 de monoinsaturés et 56 p. 100 de polyinsaturés.

Huile de paraffine

Cette huile minérale dérivée des hydrocarbures est à bannir.

Elle a donné des tumeurs d'aspect inquiétant baptisées « paraffinomes », notamment dans les poumons chez de grands consommateurs de cette huile.

Huile de poisson

Elle contient deux acides gras importants, à savoir le DHA* ou acide cervonique, qui a un rôle de structure surtout au niveau cérébral, et l'EPA, au rôle capital dans la prévention des accidents cardiovasculaires chez l'adulte.

Il existe aujourd'hui des gélules d'huile de poisson. Cependant, un surdosage peut être dangereux. En fait, il est de beaucoup préférable de consommer du poisson dont trois plats par semaine apportent autant d'acides gras que ceux contenus dans des gélules d'huile.

Huile de tournesol

Contenant 88 p. 100 d'acides gras insaturés (28 p. 100 de monoinsaturés, 60 p. 100 de polyinsaturés), l'huile de tournesol est riche en acide linoléique*, mais pauvre en acide alpha-linolénique*.

Avec de l'huile de pépin de raisin, de soja et d'oléisol (variété de tournesol), elle entre dans la constitution d'une huile appelée Iso 4 qui permet d'assurer un apport équilibré des différents acides gras.

Huîtres

Ce coquillage n'est pas autorisé en phase I* car il contient un peu de glucides associés à des graisses. En revanche, il peut être consommé sans réserve en phase II*.

Jus de fruits frais

Comme les fruits, les jus de fruits frais sont à consommer à jeun. Ils doivent être pris aussitôt après avoir été pressés car les phénomènes d'oxydation à l'air altèrent très vite les vitamines. De toute façon, les fruits sont préférables aux jus de fruits car ils contiennent des fibres qui sont perdues dans le jus.

Jus de fruits du commerce

Ils sont à proscrire, car ils ont perdu la plus grande partie de leurs vitamines et ils sont souvent additionnés de sucre et de conservateurs chimiques.

Kiwi

Il contient cinq fois plus de vitamine C que l'orange dans un volume plus réduit.

Lait

C'est le seul aliment qui se boit. Écrémé, donc débarrassé de ses lipides trop chargés en acides gras saturés, le lait est riche en protides et en calcium*. Il est préférable de le choisir en poudre car on peut obtenir une plus grande onctuosité lors de sa reconstitution en ajoutant un moindre volume d'eau.

Laitages

Ils sont intéressants pour leur richesse en calcium*, en vitamine A* et en protéines. Cependant, ils contiennent beaucoup de graisses saturées nocives, d'où l'intérêt des produits allégés, maigres, ou dépourvus de matière grasse. Mais il convient d'être particulièrement attentif à leur étiquetage* et en particulier à l'expression des pourcentages (par rapport au poids total ou à la matière sèche par exemple).

Lapin

Le lapin fait partie des viandes pouvant figurer en phase I* dans les repas protido-lipidiques avec glucides à index glycémique* très bas.

Légumes

Leurs nombreuses qualités doivent rendre leur présence obligatoire dans l'alimentation quotidienne : richesse en fibres*, en vitamines*, en sels minéraux*, présence pour certains de substances identifiées comme protectrices du cancer. Ils ont en outre (sauf les carottes*, les betteraves* et naturellement les pommes de terre* qui sont à rejeter) un index glycémique* très bas.

Il convient d'être vigilant à l'égard de leur mode de culture (pollution alimentaire*), de conservation* et de cuisson*.

Lentilles

Comme les autres légumineuses, les lentilles sont très intéressantes sur le plan nutritionnel : richesse en protéines végétales*, en fibres* solubles, en calcium*, en fer*, en zinc*, en vitamines* du groupe B. Elles ont un index glycémique* très bas et elles sont recommandées dès la phase I*.

Levure de bière

En raison de sa richesse en vitamines B*, la levure de bière, aliment naturel, mérite de figurer comme ajout régulier, en particulier en phase I*, saupoudrée sur la salade par exemple ou incorporée dans le laitage du petit déjeuner*. Elle est en outre riche en chrome, ce qui contribue à améliorer la tolérance au glucose, entraînant ainsi une baisse de la glycémie et de l'insulinémie.

Limonade

Sa très importante teneur en sucre impose de l'exclure totalement et définitivement.

Maïs

Spontanément, le maïs a un index glycémique* élevé (70) qui le fait exclure de l'alimentation en phase I* et qui ne l'autorise qu'à titre exceptionnel en phase II*. Les préparations industrielles qui permettent de le transformer en pop-corn* ou en cornflakes* font passer l'index glycémique à 85 et majorent le taux de glucides qui dépasse 80 grammes pour 100 grammes.

Margarine

Émulsions faites d'un mélange de matières grasses et d'eau, ou de lait ou de dérivés du lait, les margarines doivent comporter au moins 82 grammes de matières grasses pour 100 grammes de produit fini, dont au plus 10 p. 100 d'origine laitière, selon une loi du 30 décembre 1988.

Seules les margarines au tournesol ou au maïs, de consistance assez molle pour être tartinables dès leur sortie du réfrigérateur, sont suffisamment riches en acides gras mono et polyinsaturés* pour avoir une certaine valeur nutritionnelle. Mais il ne faut pas les faire chauffer, sinon il se produit une saturation partielle.

Même consommées fraîches, les margarines contiennent de nombreuses substances chimiques, telles que des agents désodorisants, de décoloration, de filtration, des arômes et des antioxydants.

Marmelade

Composée de fruits, de fibres dont la pectine, la marmelade sans sucre ajouté a un index glycémique* bas (25). Elle est de très loin préférable à la confiture.

Mayonnaise

Un peu de sauce mayonnaise peut parfaitement servir d'assaisonnement dès la phase I*, à condition d'être confectionnée à la maison.

Les mayonnaises du commerce sont en revanche à rejeter car elles contiennent toutes du sucre et d'autres additifs indésirables comme l'amidon et diverses farines suspectes.

Miel

Aliment de consommation courante, le miel a un index glycémique* à 90, c'est-à-dire encore plus élevé que celui du saccharose. Employé pour tartiner du pain blanc et des biscottes, il constitue un facteur hyperglycémiant et hyperinsulinémiant majeur, sans compter les risques d'hypoglycémie* secondaire.

En outre, contrairement à ce que beaucoup croient, le miel n'a pas de vertus nutritionnelles exceptionnelles. Bien plus, aujourd'hui, certains miels ne sont même plus fabriqués à partir du nectar des fleurs ; ils sont directement produits par des abeilles nourries presque exclusivement de sucre. Par contre le miel a des propriétés médicinales réelles.

Mouton

Parmi les viandes*, celle de mouton est celle qui est la plus riche en acides gras saturés : 60 p. 100.

Muëslis

Mélanges de céréales, noix, noisettes, amandes et raisins secs, les muëslis peuvent, avec du fromage blanc à 0 p. 100, ou encore un yaourt, du lait écrémé, ou un café au lait, entrer dans la constitution d'un petit déjeuner de phase I*.

Noisettes

Comme tous les fruits oléagineux, les noisettes contiennent une quantité notable de protéines, de glucides et de lipides, ainsi que des vitamines et des sels minéraux. Elles sont à réserver à la phase II* car glucido-lipidiques.

Noix

Fruits oléagineux riches en protéines, lipides, vitamines et sels minéraux, les noix ne sont pas recommandées en phase I* ; en revanche, elles sont autorisées en phase II*. Elles ont un effet protecteur sur le plan cardiovasculaire.

Œuf

C'est le seul aliment apportant un cocktail complet et équilibré d'acides aminés*. Le jaune d'œuf contient de nombreuses vitamines (A, D, E, K, B8, B9, B12). Il a été reproché aux œufs leur richesse en cholestérol (500 mg pour 100 grammes), susceptible d'élever la cholestérolémie. En fait plusieurs études ont montré que la consommation d'œufs n'avait aucun effet sur le taux de cholestérol sanguin, sans doute en raison de la lécithine contenue dans l'œuf qui, pour sa part, fait baisser la cholestérolémie. Les œufs peuvent donc être consommés sans réserve.

Pain

En phase I*, il doit être réservé au petit déjeuner ou au goûter. En phase II*, il peut être pris aux repas notamment avec le fromage.

Par contre un principe doit être absolument respecté : on évitera toujours le pain blanc fait avec des farines raffinées. On préférera toujours du pain intégral ou du vrai pain complet (fait exclusivement avec une farine T 150 ou T 170, sans mélange avec une farine blanche).

Leur index glycémique sera d'autant plus bas (inférieur à 40) que la structure sera grossière avec persistance de morceaux de grains de blé.

Ils sont alors riches en protéines végétales, en fibres, en vitamines, en sels minéraux et en oligo-éléments.

Deux conditions supplémentaires sont à réunir : le pain doit être fabriqué avec du levain ; il doit être préparé à partir de farines biologiques pour éviter d'absorber en plus des pesticides, des fongicides et des herbicides.

Surtout, le problème essentiel concernant le pain blanc habituel de nos jours est que le raffinage excessif des farines l'a débarrassé de son contenu nutritionnel et que l'industrialisation progressive de sa fabrication l'a privé de son goût. Pauvre sur le plan nutritionnel, le pain blanc a un fort index glycémique* (de 70 à 95) qui risque de favoriser le stockage des graisses consommées simultanément (beurre, fromage, viande, etc.) par hyperinsulinisme* interposé. Il est donc à rejeter formellement, définitivement.

Pain au son

Il s'agit d'un pain fantaisie contenant généralement 80 p. 100 de farine T 55 blanche (ce qui n'est pas idéal) et 20 p. 100 de son (généralement non issu de l'agriculture biologique). En fait, il n'y a aucune réglementation dans ce domaine et il peut donc y avoir plus ou moins de son. De toute façon, même si ce pain comporte suffisamment de son, donc de fibres* pour faire baisser la glycémie, il sera toujours pauvre en vitamines et en sels minéraux.

Pain de campagne

Ce pain fantaisie est fait avec 95 p. 100 de farine T 55 de blé et 5 p. 100 de farine T 130 de seigle, ou une farine plus riche en son, ou encore l'adjonction d'un conservateur (propionate de calcium). Il n'a donc aucun intérêt nutritionnel.

Pain intégral

C'est un pain fabriqué avec une farine réunissant l'intégralité des composants du grain de blé : ses enveloppes, le germe et l'amande farineuse, qui contiennent les fibres*, les acides gras essentiels*, les vitamines*, les sels minéraux. Son index glycémique* est bas, induisant une faible élévation de la glycémie. Il n'entraîne pas de stockage des acides gras* puisqu'il n'y a pas de sécrétion excessive d'insuline*.

Le pain intégral ne doit pas être confondu avec le pain complet, dont la farine n'est pas aussi complète qu'on le prétend puisqu'une certaine quantité des composants du grain de blé a été éliminée lors de la fabrication (5 à 8 p. 100 environ dans les meilleurs cas).

Pâtes

La loi française impose depuis 1934 qu'elles ne soient faites qu'avec du blé dur dont les glucides induisent un pic de glycémie relativement faible et qui a l'avantage de ne pas provoquer un fort à-coup insulinique. Cet avantage est encore amplifié avec les pâtes intégrales dont l'index glycémique à 30 autorise la consommation en phase I* ; ce qui n'est pas possible avec les pâtes blanches qui ont un index glycémique à 55.

En outre les protéines des pâtes contiennent 18 à 20 acides aminés et notamment beaucoup de tryptophane. Chez l'obèse, il a été montré qu'un régime riche en pâtes constitue un facteur de satiété, d'autant plus appréciable que la sécrétion d'insuline est réduite. Chez les sujets ayant un taux de lipides sanguins trop élevé, un tel régime entraîne une baisse des triglycérides et du cholestérol-LDL.

Les pâtes sont pauvres en sodium (avantage chez les cardiaques) et riches en potassium. Elles sont un bon vecteur de l'eau ce qui est intéressant pour les sujets (personnes âgées notamment) qui ne boivent pas suffisamment. Elles sont enfin faciles à manger, même si la denture est défectueuse ; elles se digèrent facilement, n'entraînant pas la formation de gaz dans le côlon, ce qui n'est pas le cas des féculents. Il convient évidemment de surveiller leur assaisonnement.

Pâtés en croûte

Association d'une pâte à base de farine* blanche, donc hyperglycémiante, et d'une viande riche en graisses saturées*, les pâtés en croûte ne sont guère recommandables et, en tout cas, à rejeter en phase I*.

Pâtisseries

Composées de glucides à index glycémique* élevé (pâte à base de farine blanche) et de graisses cachées provenant du beurre et des œufs, les pâtisseries doivent être formellement rejetées pendant la phase I*.

Elles ne sont autorisées qu'épisodiquement en phase II*.

Pizza

Constituant une des plus mauvaises associations de glucides à index glycémique* élevé et de graisses qui se puisse imaginer, la pizza n'est autorisée qu'avec réserve (grand écart*) en phase II*, sauf si elle est peu grasse et riche en légumes. Une pizza faite avec une pâte à base de farine intégrale est en revanche tout à fait acceptable. A réserver en phase II* cependant.

Plats allégés

Voir *Produits allégés.*

Pois

Les petits pois ont un index glycémique* de 45, donc assez bas. Ils sont riches en protéines (environ 20 p. 100).

Les pois secs ont un index glycémique de 35, tandis que les pois chiches sont à 30.

Poissons

Tous les poissons sans exception peuvent être choisis dès la phase I*, avec une seule réserve : ils ne doivent être ni panés ni roulés dans la farine avant leur friture. Le mieux est de les faire cuire au gril, en papillotes ou au court-bouillon. Ils contiennent des acides gras polyinsaturés* qui entraînent une baisse importante du cholestérol-LDL* et des triglycérides*. Ainsi, plus les poissons sont gras, plus ils sont susceptibles d'être bénéfiques sur le plan cardiovasculaire.

Pomme

Il a été montré que la consommation régulière de trois pommes par jour diminue la glycémie de 7 à 13 p. 100 si elle était élevée (elle la laisse stable si elle était normale), diminue le taux de triglycérides s'il était augmenté auparavant et fait baisser le cholestérol de l'ordre de 5 p. 100, la diminution portant essentiellement sur le cholestérol-LDL*.

Cet effet bénéfique est lié d'une part à la présence de fibres* et particulièrement de pectine*, d'autre part à celle de fructose, de vitamines (C, PP), de minéraux qui influent sur les enzymes hépatiques et de produits de fermentation qui apparaissent lors de la phase colique de la digestion.

Pomme de terre

Ayant des fibres de mauvaise qualité, la pomme de terre est fortement hyperglycémiante. L'index glycémique* est en effet de 70, ce qui en fait un mauvais glucide*. En cas de cuisson au four, l'éclatement du grain d'amidon augmente les possibilités d'absorption de ses glucides, d'où une augmentation de l'index glycémique jusqu'à 95.

En outre, les relatifs éléments nutritifs de la pomme de terre (protéines, potassium, phosphore, vitamine C) se trouvent en fait en périphérie, sous la peau et ils disparaissent donc lors de l'épluchage.

Ces caractéristiques font de la pomme de terre un des aliments les plus pervers, qui n'apporte rien sur le plan nutritionnel en dehors de l'énergie. Elles doivent donc être évitées à tout prix en phase I* comme en phase II*.

Pop-corn

Cette transformation « industrielle » du maïs augmente son index glycémique jusqu'à 85, majorant son taux de glucides qui dépasse 80 grammes pour 100 grammes. Ce mauvais glucide* est donc à proscrire.

Porc

La viande de porc contient 30 à 40 p. 100 d'acides gras saturés, donc moins que celle de mouton ou d'agneau. Mais les fabricants font aujourd'hui des efforts pour obtenir des charcuteries moins grasses. Néanmoins, sa consommation impose quelques réserves, liées notamment aux conditions d'élevage et au mode de préparation (voir *Charcuterie*).

Pot-au-feu

Il est tout à fait possible, dès la phase I*, de consommer du pot-au-feu. Les seules réserves concernent la viande dont il faut écarter la graisse et la composition du mélange de légumes qui doit exclure pommes de terre* et carottes*.

Quiches

Mauvaise association glucido-lipidique, les quiches sont proscrites en phase I* et ne peuvent être consommées qu'à titre de grand écart* en phase II*, sauf si la farine utilisée est complète.

Riz

Le grain de riz tel qu'il est récolté ne peut être consommé ainsi : il doit être débarrassé de sa première enveloppe, la « balle », trop irritante pour les intestins en raison de la présence de silice.

On obtient alors le riz complet ou riz brun qui garde la couche de cellules à aleurone, riche en protéines ainsi que le germe. Ce riz contient une petite quantité de lipides (acide palmitique, acide oléique*, acide linoléique*) et des vitamines (B1, E). Son index glycémique* est bas (50). En outre, le riz a un effet de réplétion important (sensation de plénitude gastrique) et il entraîne peu de fermentations intestinales.

L'abrasion des enveloppes restantes du grain de riz conduit au riz blanc qui contient beaucoup moins de protéines et dont l'index glycémique beaucoup plus élevé (70) le fait figurer dans la liste des mauvais glucides, interdits en phase I*. On préférera le riz rond glutineux asiatique au riz long américain, car il a un index glycémique plus faible.

Saccharine

Cet édulcorant intense* se trouve dans plus de deux cent soixante spécialités pharmaceutiques. La dose journalière admissible est de 2,5 milligrammes par kilo de poids corporel.

La saccharine est stable jusqu'à 200 °C. Comme tous les édulcorants intenses, son usage n'est pas recommandé puisqu'il ne permet pas de se désaccoutumer du goût sucré, principe fondamental de la méthode Montignac*.

Salade

L'usage est de plus en plus répandu de recourir à des salades vendues prêtes à l'emploi dans un sachet en plastique. Quand on sait qu'une salade fraîchement cueillie a déjà perdu 30 p. 100 de ses vitamines au bout d'un quart d'heure et 48 p. 100 au bout d'une heure, il est évident que ces salades en sachet n'ont plus aucune vitamine. En revanche, elles contiennent, dans de nombreux cas, des produits chimiques. La salade permet cependant de faire baisser la glycémie grâce à son contenu en fibres.

Sandwich

Le sandwich habituel au pain blanc et aux viandes chargées de graisses saturées n'est pas acceptable en phase I* et ne l'est guère en phase II* (grand écart*). Il serait cependant possible, à condition que cela reste exceptionnel, d'envisager à cette phase un sandwich fait avec du pain intégral*, de la viande maigre, du poisson, des œufs ou des crudités.

Sauces

Les sauces traditionnelles et autres roux réalisés à base de farine blanche* sont à proscrire car bien trop hyperglycémiantes.

Il est en revanche possible d'obtenir d'excellentes sauces utilisables dès la phase I*, à partir du déglaçage du plat de cuisson avec un peu de crème fraîche allégée ou avec du fromage blanc à 0 p. 100. Avec une viande blanche, il suffit de mélanger cette sauce avec de la moutarde bien parfumée, de chauffer légèrement, d'ajouter des champignons de Paris et de servir sur la viande.

Pour obtenir une sauce bien épaisse sans farine, il suffit de faire une véritable purée de champignons de Paris et d'ajouter du liquide de cuisson.

Sel

Nos besoins en sel, indispensable à la vie, sont d'environ trois grammes par jour. Ils peuvent devenir plus importants en cas de déperdition sodée liée à une abondante transpiration.

Tous ces besoins sont facilement couverts par l'alimentation. En fait, la consommation moyenne de sel s'élève à huit grammes par jour.

Les régimes sans sel ont des indications médicales très précises (insuffisance cardiaque par exemple). Ils n'ont aucune raison d'être dans l'obésité qui est une surcharge graisseuse alors que le sel n'intéresse que le métabolisme de l'eau. A l'inverse il n'est pas souhaitable d'avoir un régime trop salé. Il semble en effet que le sel augmente la réponse glucidique de deux manières. D'une part, le chlore (le sel est du chlorure de sodium) est un activateur de l'amylase, une enzyme qui hydrolyse l'amidon, d'autre part, le sodium améliore l'absorption glucidique intestinale. En outre, un excès de sel peut favoriser la survenue d'une hypertension artérielle.

Comme un régime pauvre en sel, avec moins de un gramme par jour, favorise l'augmentation du cholestérol total* et du cholestérol-LDL*, d'où risque accru à long terme d'athénome, une consommation modérée, sans ajout systématique aux plats, est certainement la solution raisonnable.

Semoule

Elle contient des protéines végétales, des fibres, des vitamines B et de nombreux sels minéraux. La semoule intégrale (non soumise aux procédés de raffinage), agrémentée de sauces ou de coulis sans graisse, peut être consommée dès la phase I* car son index glycémique* n'est pas élevé.

Sodas

Beaucoup trop riches en sucres, les sodas sont à proscrire même s'ils sont faits à partir d'extraits naturels de fruits. D'ailleurs il y a, dans les extraits naturels d'agrumes, des substances nocives comme les terpènes. En outre, le gaz artificiel contenu dans les sodas peut entraîner des brûlures gastriques et de l'aérophagie.

Soja

Très riche en protéines bien assimilables, le soja contient tous les acides aminés indispensables. Cependant, sa teneur protéique varie en fonction de sa forme de consommation :

il y a 35 grammes de protéines dans 100 grammes de grains et seulement 4 grammes dans 100 grammes de germes.

Grâce à la présence d'acides gras mono et polyinsaturés, ainsi que de lécithine, le soja a la propriété de faire baisser les taux de cholestérol total et de cholestérol-LDL.

L'association de protéines et de fibres lui confère un index glycémique bas (15) avec une très faible réponse insulinique.

Son

Il correspond aux enveloppes du grain de blé et il contient les fibres, les sels minéraux, les oligo-éléments, etc.

Le blé, une fois moulu, subit le blutage, séparant la farine d'un côté, le son de l'autre. On garde la farine blanche*, et on jette le son et tous les bons éléments qu'il contient.

C'est pourquoi seul le pain complet ou, mieux, le pain intégral* sont recommandables, le pain au son* lui-même n'apportant pas toutes les garanties.

Sucre

Du fait de son index glycémique* élevé (75), le sucre entraîne une hyperglycémie* ayant pour conséquence une stimulation excessive du pancréas. Certains préconisent le sucre roux ou le sucre intégral en raison de leur teneur en sels minéraux, en oligo-éléments et en vitamines. En fait, le sucre roux contient dix fois plus de sels organo-minéraux que le sucre blanc et le sucre intégral cinq fois plus que le sucre roux, cinquante fois plus que le sucre blanc, mais l'effet hyperglycémiant reste malheureusement identique.

Thé

Il contient de la caféine ou théine, de la théophylline, de la théobromine et des tanins. Il est assez riche en fluor et en vitamines du groupe B. Plus le thé est infusé, plus il est noir, mais moins il contient de caféine. Il possède aussi de l'adénine qui neutralise en partie l'effet de la caféine.

Il peut constituer une boisson lors d'un repas. Il possède des vertus diurétiques et digestives intéressantes. Il a les mêmes effets toniques, psychostimulants et anticariogènes que le chocolat. La seule réserve concerne sa richesse en tanins qui peut gêner l'absorption de fer.

Tisanes

Aromatiser l'eau avec du tilleul, de la verveine, de la menthe ou de la camomille est une excellente façon de boire du liquide.

Malheureusement, des réserves sont à formuler, liées aux modes de culture et de récolte notamment du tilleul, qui recèle trop souvent des germes, des moisissures ou des polluants, pesticides et autres.

Veau

La viande de veau contient 40 p. 100 d'acides gras saturés.

En plus d'une faible perte à la cuisson, de l'ordre de 2 p. 100, un dégraissage lors de la consommation peut facilement réduire cette quantité de lipides d'un tiers.

Viandes

Il convient de choisir, parmi les viandes, celles qui sont les moins grasses, de manière à limiter au maximum la consommation de graisses saturées. Le bœuf*, le veau*, le porc*, le mouton* sont des viandes plutôt grasses. Les volailles* (= viandes « blanches ») leur sont supérieures sur ce plan.

Si 100 grammes de viande apportent 20 grammes de protides, il ne s'agit pas de la seule source de protéines qui se trouvent en quantité équivalente dans 100 grammes de poisson, un demi-litre de lait, 2 œufs ou encore 60 grammes de gruyère.

Compte tenu des multiples effets néfastes des graisses saturées, il convient de faire attention aux excès de viande et surtout de charcuterie qui pourraient compromettre la santé. Ainsi, il est tout à fait possible de manger 100 à 150 grammes de viande deux à trois fois par semaine et de prendre aux autres repas des œufs, des volailles ou du poisson.

Viennoiserie

Association glucido-lipidique à index glycémique* élevé, les viennoiseries ne sont pas autorisées en phase I* puisqu'elles favorisent hyperglycémie*, hyperinsulinisme*, stockage de graisses et prise de poids.

Vin

Une faible consommation de vin diminue de 30 p. 100 le risque cardiovasculaire par rapport au non-buveur, alors qu'elle augmente ce risque de 20 p. 100 en cas d'excès.

En effet, l'alcool de fermentation du vin fait baisser le cholestérol total* et le cholestérol-LDL*, alors qu'il augmente le cholestérol-HDL*. De plus, il diminue l'insulino-résistance. Mais cet effet de protection contre les maladies cardiovasculaires ne se produit qu'à doses modérées, c'est-à-dire avec 10 à 20 grammes d'alcool quotidien, soit moins d'une demi-bouteille de vin par jour. A plus fortes doses, l'alcool favorise l'apparition d'une hypertension artérielle.

Les vins et particulièrement les vins rouges contiennent aussi des polyphénols (flavonoïdes, anthocyanes, tanins) qui ont un rôle de protection vasculaire, une action antioxydante (lutte contre les radicaux libres), des propriétés antihistaminiques, un effet préventif de la cataracte, une action antivirale, antibactérienne et antifungique.

Un demi-litre de vin induit une alcoolémie de 0,80 gramme par litre chez un sujet de 50 kilos et de 0,40 gramme par litre chez une personne de 80 kilos. Les femmes ont un système enzymatique hépatique qui métabolise moins bien l'alcool ; à poids égal, elles doivent donc en consommer en moindre quantité que l'homme.

En phase II*, on conseillera de boire deux verres d'un bon vin rouge riche en tanins par jour (mais... pas plus).

Vinaigrette

La vinaigrette normale, constituée d'huile (d'olive si possible), de sel, de poivre et, éventuellement, d'un peu de moutarde peut être utilisée sans problème, dès la phase I* pour assaisonner les crudités.

En revanche, les vinaigrettes toutes faites comportent toutes du sucre et d'autres additifs indésirables, comme l'amidon et diverses farines suspectes : elles sont formellement proscrites.

Volailles

Le taux de graisses saturées contenues dans les volailles est faible à condition d'exclure la peau et il a donc peu d'influence sur la cholestérolémie. Bien plus, les graisses d'oie et de canard, notamment de ceux qui sont engraissés pour produire le foie gras, appartiennent à cette catégorie des acides gras monoinsaturés.

Les magrets, les confits d'oie et de canard peuvent donc être consommés sans problème car ils ont un effet bénéfique sur le système cardiovasculaire. Il est donc souhaitable de remplacer de temps à autre une viande par une volaille ou par du lapin*.

Yaourt

Comme tous les laitages, les yaourts sont intéressants pour leur richesse en calcium, en vitamine A et en protéines. Ils font baisser le taux de cholestérol, cette propriété étant en fait, semble-t-il, celle de tous les aliments fermentés. Ils ont également une action de stimulation immunitaire et antiallergique intéressante.

Table

Les buts de la méthode Montignac

Les principes généraux de A à Z

Les différents aliments de A à Z

LES BONNES ADRESSES MONTIGNAC

FRANCE

Boutique Michel Montignac
14, rue de Maubeuge – 75009 Paris
Tél. : 49.95.93.42

Boutique Michel Montignac
5, rue Benjamin-Franklin – 75016 Paris
Tél. : 45.27.35.73

MARTINIQUE

Boutique Michel Montignac
77, rue de Blénac – 92700 Fort-de-France
Tél. : (596) 70.21.69

GUADELOUPE

Boutique Michel Montignac
25, place de l'Église – 97110 Pointe-à-Pitre

ANGLETERRE

Boutique Michel Montignac
160, Old Brompton Rd – London SW5 OBA
Tél. : 071.370.20.10

BELGIQUE

Boutique Michel Montignac
1351, Chaussée de Waterloo (Fort Jaco) – 1180 Bruxelles
Tél. : 3.22.374.9531

SUISSE

Boutique Michel Montignac
48, rue de la Terrassière – 1207 Genève
Tél. : (41) 22.786.87.44

Boutique Michel Montignac
19, rue Mauverney – 1196 Gland (Vaud)
Tél. : (41) 21.364.77.24

Renseignements sur les points de vente les plus proches de chez vous en france : 16 (1) 47.93.59.59

Renseignements médicaux :

Institut Vitalité et Nutrition : 16 (1) 39.83.18.39
Kiosque téléphonique : 16 (1) 36.70.02.70 (8,76 F par appel – 2,19 F/min.)